Utilize este código QR para se cadastrar de forma mais rápida:

Ou, se preferir, entre em:

www.moderna.com.br/ac/livroportal

e siga as instruções para ter acesso aos conteúdos exclusivos do Portal e Livro Digital

CÓDIGO DE ACESSO:

A 00143 ARPART2E 9 78495

Faça apenas um cadastro. Ele será válido para:

Organizadora: Editora Moderna
Obra coletiva concebida, desenvolvida
e produzida pela Editora Moderna.

Editor responsável:
Denis Rafael Pereira

Acompanha um CD de áudio.
Não pode ser vendido separadamente.

2ª edição

Elaboração dos originais:

Denis Rafael Pereira
Licenciado em História pela Faculdade de Ciências e Letras da Fundação Municipal de Ensino Superior de Bragança Paulista (SP). Licenciado em Pedagogia pelo Centro Universitário de Araras "Dr. Edmundo Ulson". Especialização em Artes Visuais, Intermeios e Educação pelo Instituto de Artes da Universidade Estadual de Campinas. Foi assessor técnico-pedagógico da Prefeitura de Itatiba (SP). Foi coordenador pedagógico da Prefeitura de Itatiba (SP) e da rede Sesi-SP. Editor.

Flávia Delalibera Iossi
Licenciada em Educação Artística, com habilitação em Artes Plásticas, pela Faculdade Santa Marcelina (SP). Editora.

Alexandra Contocani
Licenciada em Pedagogia pela Universidade de São Paulo. Arte-educadora.

Ana Sharp
Licenciada e bacharela em Dança e Movimento pela Universidade Anhembi Morumbi (SP). Professora e bailarina.

Filipe Brancalião Alves de Moraes
Licenciado em Educação Artística, com habilitação em Artes Cênicas, e mestre em Artes (área de concentração: Pedagogia do Teatro) pela Escola de Comunicações e Artes da Universidade de São Paulo. Professor e ator.

Gabriel Kolyniak
Licenciado em Letras, com habilitação em Português, pela Pontifícia Universidade Católica de São Paulo. Editor.

Maria Helena Wagner Rossi
Doutora em Educação pela Universidade Federal do Rio Grande do Sul. Professora do curso de Artes Visuais da Universidade de Caxias do Sul (RS).

Maria Lyra
Licenciada em Teatro e mestra em Artes (modalidade: Teatro) pela Universidade Federal de Uberlândia (MG). Pesquisadora e professora de Teatro.

Maria Selma de Vasconcelos Cavalcanti
Bacharela em Jornalismo pela Universidade Católica de Pernambuco. Editora.

Marisa Szpigel
Licenciada em Educação Artística, com habilitação em Artes Plásticas, pela Fundação Armando Álvares Penteado (SP). Professora e formadora de professores de Arte.

Nilza Ruth da Silva
Licenciada em Educação Artística, com habilitação em Artes Plásticas, pela Faculdade de Belas Artes de São Paulo. Especialista em Arte e Educação pela Escola de Comunicações e Artes da Universidade de São Paulo. Professora de Arte da ETEC Getúlio Vargas (SP).

Priscilla Vilas Boas
Bacharela e licenciada em Dança pela Universidade Estadual de Campinas. Mestra em Educação (área: Educação, Conhecimento, Linguagem e Arte) pela Universidade Estadual de Campinas. Artista-professora da Escola Municipal de Iniciação Artística (EMIA) da Prefeitura Municipal de São Paulo (SP).

Rafael Kashima
Bacharel e licenciado em Música pela Universidade Estadual de Campinas. Mestre em Música (área: Fundamentos Teóricos) pela Universidade Estadual de Campinas. Pesquisador e professor de Música.

Raquel Zichelle
Licenciada em Arte - Teatro pelo Instituto de Artes da Universidade Estadual Paulista "Júlio de Mesquita Filho". Atriz e arte-educadora. Professora de Artes na rede estadual de ensino de São Paulo.

Silvia Cordeiro Nassif
Bacharela em Música e doutora em Educação (área: Educação, Conhecimento, Linguagem e Arte) pela Universidade Estadual de Campinas. Professora do Departamento de Música da Universidade Estadual de Campinas. Pesquisadora.

Verônica Veloso
Licenciada em Educação Artística, com habilitação em Artes Cênicas, pela Escola de Comunicações e Artes da Universidade de São Paulo. Mestra e doutora em Artes (área de concentração: Pedagogia do Teatro) pela Escola de Comunicações e Artes da Universidade de São Paulo. Atuou como professora universitária e na formação de atores. Artista de teatro e *performer*.

Imagens da capa
Em evento de música eletrônica, o desempenho do DJ na mixagem do som é fundamental.

© Editora Moderna, 2018

MODERNA

Coordenação editorial: Denis Rafael Pereira
Edição de texto: Denis Rafael Pereira, Tatiana Pavanelli Valsi, Sandra Maria Ferraz Brazil, Flávia Delalibera Iossi, Adriana C. Bairrada, Maria Selma de Vasconcelos Cavalcanti, Geuid Dib Jardim, Sidnei Santos de Oliveira
Assistência editorial: Erik Teixeira dos Santos
Preparação de texto: Tatiana Pavanelli Valsi, Sandra Maria Ferraz Brazil, Adriana C. Bairrada, Maria Selma de Vasconcelos Cavalcanti, Geuid Dib Jardim
Gerência de *design* e produção gráfica: Sandra Botelho de Carvalho Homma
Coordenação de produção: Everson de Paula, Patricia Costa
Suporte administrativo editorial: Maria de Lourdes Rodrigues
Coordenação de *design* e projetos visuais: Marta Cerqueira Leite
Projeto gráfico e capa: Daniel Messias, Otávio dos Santos
Pesquisa iconográfica para capa: Daniel Messias, Otávio dos Santos, Bruno Tonel
Fotos: Pessoas em evento de música eletrônica. Taya Ovod/Shutterstock. DJ faz mixagem de som. Maxim Blinkov/Shutterstock.
Coordenação de arte: Carolina de Oliveira
Edição de arte: Iara Susue Rikimaru
Áudio: Núcleo – Serviços Audiovisuais LTDA. – EPP (faixas: 03, 06, 07, 08, 09, 10, 11, 12, 13, 14, 15, 23)
Editoração eletrônica: MRS Editorial
Coordenação de revisão: Elaine C. del Nero
Revisão: Fernanda Guerreiro, Renata Palermo
Coordenação de pesquisa iconográfica: Luciano Baneza Gabarron
Pesquisa iconográfica: Vanessa Manna, Gabriela Araújo
Coordenação de *bureau*: Rubens M. Rodrigues
Tratamento de imagens: Fernando Bertolo, Joel Aparecido, Luiz Carlos Costa, Marina M. Buzzinaro
Pré-impressão: Alexandre Petreca, Everton L. de Oliveira, Marcio H. Kamoto, Vitória Sousa
Coordenação de produção industrial: Wendell Monteiro
Impressão e acabamento: Rona Editora
Lote: 295452

Dados Internacionais de Catalogação na Publicação (CIP)
(Câmara Brasileira do Livro, SP, Brasil)

Araribá plus : arte / organizadora Editora Moderna ; obra coletiva concebida, desenvolvida e produzida pela Editora Moderna ; editor responsável Denis Rafael Pereira. – 2. ed. – São Paulo : Moderna, 2018.

Obra em 4 v. para alunos do 6º ao 9º ano.
Bibliografia.
Inclui CD.

1. Arte (Ensino fundamental) I. Pereira, Denis Rafael.

18-18004   CDD-372.5

Índices para catálogo sistemático:
1. Arte : Ensino fundamental 372.5
Maria Alice Ferreira – Bibliotecária – CRB-8/7964

ISBN 978-85-16-11426-8 (LA)
ISBN 978-85-16-11427-5 (LP)

Reprodução proibida. Art. 184 do Código Penal e Lei 9.610 de 19 de fevereiro de 1998.
Todos os direitos reservados
EDITORA MODERNA LTDA.
Rua Padre Adelino, 758 – Belenzinho
São Paulo – SP – Brasil – CEP 03303-904
Vendas e Atendimento: Tel. (0_ _11) 2602-5510
Fax (0_ _11) 2790-1501
www.moderna.com.br
2021
Impresso no Brasil

1 3 5 7 9 10 8 6 4 2

APRESENTAÇÃO

"Todas as artes contribuem para a maior de todas as artes, a arte de viver."
Brecht

A arte está mais presente em nosso cotidiano do que imaginamos. Basta olharmos ao redor e perceberemos que a arte está presente em aspectos do dia a dia, como na música que gostamos de ouvir, nas cores e modelos de roupas que vestimos, nos filmes e programas de televisão a que assistimos etc.

Neste livro, você terá a oportunidade de estudar quatro linguagens artísticas: as Artes Visuais, a Dança, a Música e o Teatro. Além de apreciar obras dessas quatro linguagens, você vai conhecer as produções de diferentes artistas e seus contextos e aprender a produzir suas próprias obras.

Este livro também busca promover a formação de atitudes para a vida, com propostas que o ajudarão a resolver problemas de forma reflexiva, crítica e colaborativa e a aprender continuamente.

Nesta reformulação, a obra foi reprogramada de acordo com as habilidades e objetos de conhecimento estabelecidos pela BNCC (Base Nacional Comum Curricular).

Esperamos que este livro desperte ainda mais seu interesse pelas artes e que contribua com a formação de seu repertório cultural.

Ótimo estudo!

ATITUDES PARA A VIDA

11 ATITUDES MUITO ÚTEIS PARA O SEU DIA A DIA!

As Atitudes para a vida *trabalham competências socioemocionais e nos ajudam a resolver situações e desafios em todas as áreas, inclusive no estudo de Arte.*

1. Persistir
Se a primeira tentativa para encontrar a resposta não der certo, **não desista**, busque outra estratégia para resolver a questão.

2. Controlar a impulsividade
Pense antes de agir. Reflita sobre os caminhos que pode escolher para resolver uma situação.

3. Escutar os outros com atenção e empatia
Dar atenção e escutar os outros são ações importantes para se relacionar bem com as pessoas.

4. Pensar com flexibilidade
Considere diferentes possibilidades para chegar à solução. Use os recursos disponíveis e dê asas à imaginação!

5. Esforçar-se por exatidão e precisão
Confira os dados do seu trabalho. Informação incorreta ou apresentação desleixada podem prejudicar a sua credibilidade e comprometer todo o seu esforço.

7. Aplicar conhecimentos prévios a novas situações

Use o que você já sabe!
O que você já aprendeu pode ajudá-lo a entender o novo e a resolver até os maiores desafios.

8. Pensar e comunicar-se com clareza

Organize suas ideias e comunique-se com clareza.
Quanto mais claro você for, mais fácil será estruturar um plano de ação para realizar seus trabalhos.

6. Questionar e levantar problemas

Fazer as perguntas certas pode ser determinante para esclarecer suas dúvidas. Esteja alerta: indague, questione e levante problemas que possam ajudá-lo a compreender melhor o que está ao seu redor.

9. Imaginar, criar e inovar

Desenvolva a criatividade conhecendo outros pontos de vista, imaginando-se em outros papéis, melhorando continuamente suas criações.

10. Assumir riscos com responsabilidade

Explore suas capacidades!
Estudar é uma aventura; não tenha medo de ousar. Busque informação sobre os resultados possíveis e você se sentirá mais seguro para arriscar um palpite.

11. Pensar de maneira interdependente

Trabalhe em grupo, colabore. Unindo ideias e força com seus colegas, vocês podem criar e executar projetos que ninguém poderia fazer sozinho.

No Portal *Araribá Plus* e ao final do seu livro, você poderá saber mais sobre as *Atitudes para a vida*. Veja <www.moderna.com.br/araribaplus> em **Competências socioemocionais**.

CONHEÇA O SEU LIVRO

Este livro está estruturado em quatro unidades. Cada unidade está dividida em temas.

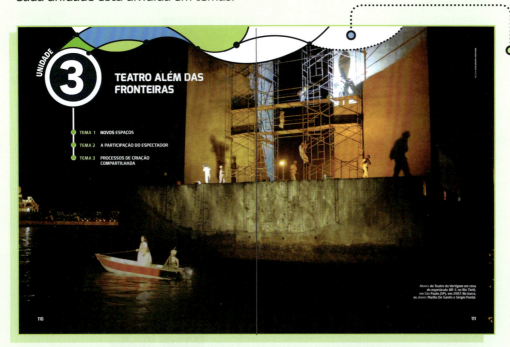

ABERTURA DE UNIDADE

Uma imagem em dupla de páginas abre a unidade.

Apresenta uma lista dos temas tratados na unidade.

DE OLHO NA IMAGEM

Seção que reproduz a imagem da abertura e propõe a observação dessa imagem com o objetivo de ativar seus conhecimentos prévios sobre os conteúdos que serão abordados na unidade. Em alguns casos, essa seção poderá trazer outras imagens relacionadas à imagem da abertura.

Traz também informações sobre o(s) artista(s)/intérprete(s) relacionado(s) à obra em foco.

TEMAS

As unidades são divididas em temas que desenvolvem os conteúdos de modo claro e organizado.

Intertítulos ao longo do tema facilitam os estudos.

CONHEÇA O SEU LIVRO

BOXE
Textos que ampliam o conhecimento e sua reflexão sobre os temas estudados.

GLOSSÁRIO
No glossário, você encontra o significado das palavras destacadas no texto.

CD DE ÁUDIO
Sinaliza o momento em que é possível trabalhar com o conteúdo disponível no CD.

CÓDIGO QR
Indica que há recursos digitais, como vídeos e animações.

INDICAÇÕES
Sugestões de leituras, vídeos, sites, CDs e visitas a instituições culturais aparecem ao longo do livro.

OUTRAS EXPERIÊNCIAS
Seção que traz a produção de artistas/grupos que utilizam ou utilizaram, em outros períodos e/ou lugares ou de maneiras diferentes, elementos da linguagem enfocada na unidade.

ATIVIDADES
Atividades destinadas à reflexão e compreensão dos conteúdos, com base na leitura e interpretação de texto e de imagens.

O ARTISTA E SUA OBRA
Seção que traz informações sobre o artista e sobre o contexto de produção da obra.

8

COMPREENDER UM TEXTO

Seção com texto citado que trabalha e desenvolve a compreensão leitora.

ÍCONES DA COLEÇÃO

 Glossário

 Atitudes para a vida

 Indica que existem vídeos, atividades ou outros recursos no **livro digital** ou no **portal** da coleção.

 Indica o momento para a audição de uma faixa do CD de áudio.

ATITUDES PARA A VIDA

Aprofunda o trabalho com as Atitudes para a vida, que nos auxiliam a resolver problemas da vida cotidiana, a nos relacionar bem com os outros e a tomar decisões conscientes, de forma criativa e inovadora.

Este ícone indica o trabalho com as Atitudes para a vida de forma pontual no texto ou em uma atividade.

ATIVIDADES PRÁTICAS

Atividades práticas com base nos conteúdos desenvolvidos na unidade.

ORGANIZAR O CONHECIMENTO

Atividades para recordar os conteúdos abordados ao longo da unidade.

CONTEÚDO DOS MATERIAIS DIGITAIS

O *Projeto Araribá Plus* apresenta um Portal exclusivo, com ferramentas diferenciadas e motivadoras para o seu estudo. Tudo integrado com o livro para tornar a experiência de aprendizagem mais intensa e significativa.

Livro digital com tecnologia *HTML5* para garantir melhor usabilidade e ferramentas que possibilitam buscar termos, destacar trechos e fazer anotações para posterior consulta. O livro digital é enriquecido com objetos educacionais digitais (OEDs) integrados aos conteúdos. Você pode acessá-lo de diversas maneiras: no *smartphone*, no *tablet* (Android e iOS), no *desktop* e *on-line* no *site*:

http://mod.lk/livdig

Objetos educacionais digitais diretamente no seu *smartphone* ou *tablet* para uso *on-line* e *off-line*.

Acesso rápido por meio de qualquer leitor de código *QR*.
http://mod.lk/aa9u1t1

LISTA DOS OEDs DO 9º ANO

UNIDADE	TÍTULO DO OBJETO DIGITAL
1	Do alaúde ao trio elétrico
1	O concretismo na literatura
2	Entrevista com Eduardo Srur
2	Conhecendo VJ Spetto
3	O processo colaborativo no Grupo Teco
3	Cia. São Jorge de Variedades
4	Passos do frevo
4	Videodança

SUMÁRIO

UNIDADE 1 — MÚSICA: MUDANÇAS E TRANSFORMAÇÕES 16

De olho na imagem 18
   Pitty 19

TEMA 1 – O surgimento do *rock* 20
"Admirável *chip* novo" 20
   Atividades 20
   Outras experiências: O videoclipe 21
O *rock* 22
   O artista e sua obra: Os Beatles 23
   Instrumentos característicos do *rock* 24
   Teclado, baixo elétrico e bateria 26
   Atividade prática 27

TEMA 2 – As influências do *rock* na música brasileira 28
A Jovem Guarda 28
   Outras experiências: Adoração (Altar para Roberto Carlos) 29
O Tropicalismo 30
   As principais características do Tropicalismo 31
   Atividade 31
   Rita Lee 32
   Atividade 32
   Outras experiências: Rita Lee mora ao lado 33
   "Tropicália" 34
   Atividades 35
Os festivais da canção 36
   Um hino contra a ditadura 37
   Chico Buarque e a censura 38
   Atividade 38
   "Apesar de você" 39
   Atividades 39
O *rock* na década de 1980 39
   Barão Vermelho 39
   Titãs 40
   Os Paralamas do Sucesso 41
   Legião Urbana 41
   Atividades 41
   A obra de Cazuza 42
   Atividade prática 43
   Compreender um texto: Em busca do tempo perdido 44
   Atitudes para a vida: A presença do músico 45

TEMA 3 – Novas experiências 46
A possibilidade de gravar e reproduzir sons 46
   Atividade 46
   Música e indústria 47
   Atividade prática 47
A música concreta 50
   Hermeto Pascoal 51
   "Aproveitem bastante" 52
   Outras experiências: A poesia concreta / Arnaldo Antunes
   e a poesia concreta 54
A música eletroacústica 56
A música eletrônica 57
   A música *pop* eletrônica 58
   Atividade 58
   O artista e sua obra: DJ Caio Moura 59
Música e pesquisa 60
   Atividade 61
   O grupo Uakti 61
   Atividades práticas 62
   Organizar o conhecimento 63

UNIDADE 2 — A ARTE HOJE 64

De olho na imagem 66
   Cildo Meireles 67

TEMA 1 – Arte, espaço e participação do público 68
Um espaço monocromático 68
   Atividade 68
   Impregnação 69
   Entorno e *Desvio* 70
   As sensações despertadas pelas cores 71
   Atividade 71
Um convite à experimentação 72
   O Neoconcretismo 73
   Lygia Clark e a série *Bichos* 74
   As influências de Lygia Clark na obra de Marepe 75
O uso da tecnologia na arte 76
   Atividades 76
   Compreender um texto: Geração anual de lixo eletrônico passa de 40 milhões de toneladas 77
   A videoarte 80
   O artista e sua obra: Nam June Paik 81
   A casa 82
   Atividade 82
   Atitudes para a vida: Esculturas eletrônicas 83
   Atividade prática 84

TEMA 2 – A arte ao alcance de todos 85
A arte pública 85
   Atividades 85
   Obras no espaço público 86
   Atividades 86
   Monumento às bandeiras 87
   Atividade prática 88
   As obras, o espaço e o público 89
   Compreender um texto: Drummond foi cliente de comerciante que limpou estátua do poeta após pichação 90
Intervenções artísticas 91
   Atividades 91
   O trabalho de Eduardo Srur 92
   Caiaques 93
   Projeções 95
   Atividades 95
   O artista e sua obra: Roberta Carvalho 96
   As projeções de Regina Silveira 97
   Atividade prática 98

TEMA 3 – Novos rumos 99
Performance 99
   Atividade 99
   Flávio de Carvalho 100
   A artista está presente 101
   Compreender um texto: *Performance* de artista acaba num emocionante reencontro 102
Uma proposta contemporânea 104
   O *Atlas* de Vik Muniz 105
   Atividade 105
   Atividade prática 108
   Organizar o conhecimento 109

SUMÁRIO

UNIDADE 3 — TEATRO ALÉM DAS FRONTEIRAS ... 110

De olho na imagem ... 112
   Teatro da Vertigem ... 113

TEMA 1 – Novos espaços ... 114
O espaço teatral ... 114
   O Teatro de Epidauro ... 114
   Orquestra ... 115
   Local da encenação ... 115
   Acústica ... 115
   Atividade prática ... 115
   As praças como palco ... 116
   O palco italiano ... 117

Espaços não convencionais ... 118
   Outras experiências: Gaia Mother Tree ... 119
   Além dos cravos ... 120
   O artista e sua obra: EmFoco Grupo de Teatro ... 121

A cidade como palco ... 122
   Atividade ... 123
   Um espetáculo itinerante ... 124
   Atividade prática ... 126

TEMA 2 – A participação do espectador ... 127
Uma experiência de convívio ... 127
   Um espetáculo-encontro ... 128
   A proposta do Quatroloscinco ... 129
   Atividade prática ... 129
   Outras experiências: Coreológicas Ludus ... 130

Participação e diversão ... 131
   Atividade ... 131
   Jogando no quintal ... 132
   A improvisação ... 133
   O artista e sua obra: Antropofocus ... 134
   Atividade prática ... 135

TEMA 3 – Processos de criação compartilhada ... 136
Teatro de grupo ... 136
   O processo colaborativo ... 137
   A Cia. São Jorge de Variedades ... 138
   O processo de criação ... 139
   Atividade ... 139

Estudo e pesquisa ... 140
   Concerto de Ispinho e Fulô ... 141
   Outras experiências: A obra de Patativa do Assaré ... 142
   Compreender um texto: Ispinho e Fulô ... 143
   Atitudes para a vida: O poeta do povo ... 145
   Atividade prática ... 146
   Organizar o conhecimento ... 147

| UNIDADE 4 | A DANÇA NA ATUALIDADE | 148 |

De olho na imagem ... 150
   Grupo Contemporâneo de Dança Livre ... 151

TEMA 1 – Novos espaços para a dança ... 152
O espaço da dança ... 152
As ruas como palco ... 153
   Falta de ar ... 154
   Solos de rua ... 155
   Atividades ... 155
   O artista e sua obra: Luciana Bortoletto ... 156
   Carcaça ... 158
   Atividade prática ... 159

TEMA 2 – Dança na rua ou dança de rua? ... 160
Dança de rua ... 160
   Atividades ... 160
   A cultura *hip-hop* ... 161
   Outras experiências: O *rap* ... 162
O *break* ... 164
   As batalhas ... 165
   Os movimentos do *break* ... 166
   Toprock e *floor rocks* ... 167
   Atividade prática ... 167
   Atitudes para a vida: O orgulho de dançar ... 168
A rua como espaço de celebração ... 170
   Compreender um texto: Um bem do patrimônio cultural brasileiro ... 171
   Atividade prática ... 172

TEMA 3 – Dança e tecnologia ... 173
A dança e os recursos digitais ... 173
   Corpo Projeção ... 174
   Uma proposta multilinguagem ... 175
Pixel ... 176
   O real e o virtual ... 177
A videodança ... 179
   A videodança no Brasil ... 180
   Atividade prática ... 181
   Organizar o conhecimento ... 182

Bibliografia ... 183
Guia do CD ... 184

 ATITUDES PARA A VIDA ... 185

UNIDADE 1
MÚSICA: MUDANÇAS E TRANSFORMAÇÕES

- **TEMA 1** O SURGIMENTO DO *ROCK*
- **TEMA 2** AS INFLUÊNCIAS DO *ROCK* NA MÚSICA BRASILEIRA
- **TEMA 3** NOVAS EXPERIÊNCIAS

A cantora Pitty se apresenta com sua banda em São Paulo (SP), em 2015.

DE OLHO NA IMAGEM

A cantora Pitty se apresenta com sua banda em São Paulo (SP), em 2015.

1. Observe atentamente os detalhes da imagem: os instrumentos musicais, o cenário, o figurino, a cantora. Depois, responda: qual estilo musical você acha que essa banda toca?

   _____

2. Ouça a gravação original de uma canção de Pitty na faixa 01 do CD. Depois, responda: o que mais chamou sua atenção nessa canção?

   _____

3. Na imagem, há quatro instrumentistas acompanhando a cantora Pitty. Você consegue identificar quais são os instrumentos que eles estão tocando?

   _____

4. Você conhece outras bandas de *rock*? Em caso afirmativo, converse com os colegas sobre essas bandas.

   _____

5. Você toca algum instrumento ou sabe cantar algum *rock*?

   _____

Pitty

Nascida em Salvador (BA), Priscilla Novaes Leone, conhecida como Pitty, é cantora, compositora e instrumentista. Foi graças ao pai – que também era músico –, que Pitty teve contato com ícones do *rock* nacional e internacional, como o cantor e compositor brasileiro Raul Seixas (1945-1989) e as bandas Os Beatles, Nirvana e Metallica, que estão entre suas principais influências.

Pitty integrou diversas bandas de *rock*, inclusive atuando como baterista de uma delas. Desde 2003, a artista lidera uma banda que leva seu nome, lançando álbuns com diversas canções autorais. O primeiro álbum da banda trazia a canção "Admirável *chip* novo", de autoria de Pitty, que você ouviu na faixa 01 do CD. Na próxima página, você poderá ler a letra dessa canção.

Pitty se apresenta no Rio de Janeiro (RJ), em 2015.

- Você conhece outras mulheres que se dedicam ao *rock*? Em caso afirmativo, converse com os colegas sobre elas.

PARA OUVIR

Admirável chip novo, de Pitty. Rio de Janeiro: Deckdisc, 2003.

Nesse CD, além da canção que intitula o álbum, é possível ouvir outras composições de Pitty, como "Teto de vidro" e "Máscara".

TEMA 1 — O SURGIMENTO DO ROCK

"ADMIRÁVEL CHIP NOVO"

Leia a seguir a letra de "Admirável *chip* novo", uma das canções mais conhecidas de Pitty, e ouça, mais uma vez, essa canção na faixa 01 do CD.

Admirável chip novo

"Pane no sistema, alguém me desconfigurou
Aonde estão meus olhos de robô?
Eu não sabia, eu não tinha percebido
Eu sempre achei que era vivo
Parafuso e fluido em lugar de articulação
Até achava que aqui batia um coração
Nada é orgânico, é tudo programado
E eu achando que tinha me libertado...
Mas lá vêm eles novamente e eu sei o que vão fazer:
Reinstalar o sistema

Pense, fale, compre, beba
Leia, vote, não se esqueça
Use, seja, ouça, diga
Tenha, more, gaste, viva
Não sinhô, sim sinhô, não sinhô, sim sinhô..."

PITTY. Admirável *chip* novo. Em: PITTY. *Admirável chip novo*. Rio de Janeiro: Deckdisc, 2003. Faixa 2.

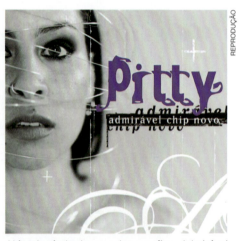

Além de título de uma das canções, *Admirável chip novo* é o título do primeiro álbum lançado pela cantora e compositora Pitty.

ATIVIDADES

1. A canção "Admirável *chip* novo" faz menção a uma importante obra literária. Em grupo com três colegas, pesquisem que obra é essa. Sob a orientação do professor, apresentem os resultados para a classe.

2. Na letra dessa canção, o ser humano é comparado a um robô ou a uma máquina. Em que trechos isso fica evidenciado?

3. Em sua opinião, qual teria sido a intenção da compositora ao propor a comparação mencionada na questão anterior?

OUTRAS EXPERIÊNCIAS

O videoclipe

Em 2003, Pitty lançou um **videoclipe** da canção "Admirável *chip* novo". O videoclipe é um filme de curta duração produzido especialmente para ilustrar um trabalho musical. O início do videoclipe de "Admirável *chip* novo" mostra Pitty e os integrantes de sua banda como robôs, numa alusão ao conteúdo da primeira estrofe da letra da canção. A estrofe seguinte mostra a banda livre dos movimentos robotizados. Esse videoclipe foi dirigido pelo diretor e roteirista Maurício Eça.

Veja fotogramas desse videoclipe reproduzidos a seguir.

Fotogramas do videoclipe de "Admirável *chip* novo" (2003).

Os integrantes da banda britânica Os Beatles estão entre os precursores da produção de videoclipes. Os filmes estrelados pelos integrantes dessa banda na década de 1960 são considerados uma das primeiras experiências com o videoclipe.

O ROCK

A cantora e compositora Pitty é considerada, atualmente, um dos nomes mais expressivos do **rock**, estilo musical que surgiu nos Estados Unidos na década de 1950. Em sua origem, o rock assimilou elementos de outros estilos musicais estadunidenses, como o *blues* e o *country*. Nessa época, era conhecido como **rock and roll**. Ouça, na faixa 02 do CD, um áudio com características do *rock and roll*.

Pessoas dançam *rock and roll*. Estados Unidos, década de 1950.

Considerado um estilo musical próprio da juventude, desde seu surgimento, o *rock* buscava romper as tradições conservadoras da época, tanto nas temáticas musicais quanto no estilo de vestuário.

Em 1954, a canção "Rock around the clock", do músico Bill Halley (1925-1981), alcançou o topo das paradas de sucesso e se tornou um hino da juventude daquela época. Outro cantor de *rock* que se destacou na década de 1950 foi Elvis Presley (1935-1977).

Bill Haley durante apresentação em 1957.

Elvis Presley se apresenta em programa de televisão estadunidense, em 1956.

O ARTISTA E SUA OBRA

Os Beatles

Ao conhecer um pouco mais sobre a trajetória de Pitty, você descobriu que uma de suas influências foram Os Beatles. Essa banda foi formada em 1960, mas foi a partir de 1962 que se tornou um dos mais importantes e conhecidos conjuntos musicais em todo o mundo. Os integrantes da banda Os Beatles foram alguns dos responsáveis pelo desenvolvimento e pela difusão do *rock*.

A banda Os Beatles em apresentação em Paris, França, em 1964. Ao fundo, o baterista Ringo Starr. No primeiro plano, da esquerda para a direita, Paul MacCartney, George Harrison e John Lennon.

Um dos integrantes da banda Os Beatles foi Paul McCartney. Baixista, pianista e vocalista, McCartney também se destacou como compositor e, em parceria com o músico John Lennon (1940-1980), compôs canções de grande sucesso.

Ringo Starr foi baterista e vocalista da banda de 1962 até a dissolução do grupo, em 1970. Ringo substituiu Pete Best, o primeiro baterista da banda.

George Harrison (1943-2001) era guitarrista, compositor e vocalista do grupo. Harrison se interessou pela cultura indiana e isso influenciou sua produção musical, ajudando a disseminar essa cultura no Ocidente.

John Lennon foi guitarrista, vocalista e compositor de muitas canções da banda. Em parceria com Paul McCartney, ele compôs sucessos como "All you need is love", "Let it be", "Hey Jude" e "Yesterday".

INSTRUMENTOS CARACTERÍSTICOS DO *ROCK*

(03) No *rock*, um elemento essencial é o som da **guitarra elétrica**. Ouça, na faixa 03 do CD, um solo da música "Admirável *chip* novo" produzido com esse instrumento.

Os instrumentos elétricos surgiram como resultado do aperfeiçoamento de instrumentos acústicos que já existiam. A guitarra elétrica, por exemplo, pode ser considerada desenvolvimento de outros instrumentos de corda, como o violão e a viola. Veja o boxe da página ao lado, "Do alaúde à guitarra elétrica".

Nos instrumentos elétricos, os sons são transformados em sinais elétricos. Na guitarra, por exemplo, os sons produzidos pelo toque nas cordas são capturados por pequenos aparelhos chamados **captadores**. Esses aparelhos transformam os sons das cordas em sinais elétricos.

Os sinais capturados pelos captadores são enviados para um amplificador, que os libera para alto-falantes. Observe a foto reproduzida a seguir. Note que a guitarra está ligada ao amplificador.

As primeiras guitarras elétricas foram fabricadas na década de 1930.

Veja os captadores no detalhe da foto.

Guitarra elétrica ligada a um amplificador.

Do alaúde à guitarra elétrica

Um dos instrumentos de corda mais antigos de que se tem conhecimento é o alaúde, utilizado desde a Antiguidade por povos como os egípcios e os romanos. A partir do século XVI, com o desenvolvimento da música europeia – sobretudo com o surgimento da ópera –, o alaúde se tornou um instrumento de grande importância. O alemão Johann Sebastian Bach (1685-1750), por exemplo, compôs diversas obras para serem executadas ao alaúde, como a chamada *Allegro* (BWV 998), escrita por volta de 1710. Ouça essa peça ao som do alaúde na faixa 04 do CD.

O alaúde se espalhou por toda a Europa e deu origem a outros instrumentos musicais. Em Portugal e na Espanha, por exemplo, com o desenvolvimento do alaúde, surgiu a *vihuela* ou viola de mão. Durante o período colonial, muitas violas de mão chegaram ao Brasil, trazidas por imigrantes portugueses. Elas deram origem a um instrumento muito popular até hoje em todo o Brasil: a viola caipira. Ouça o som da *vihuela* na faixa 05 do CD.

Alaúde italiano produzido no século XVIII. Museu Bardini, Florença, Itália.

Vihuela espanhola construída na atualidade com base em instrumento representado nos afrescos da Catedral de Barcelona, Espanha. Comprimento das cordas: 60 a 70 cm.

As *vihuelas* deram origem a outros instrumentos de cordas. O principal deles é a guitarra – mas não a guitarra elétrica que conhecemos atualmente. Esses instrumentos tinham cordas duplas, feitas de tripas de animal. Com o surgimento de novos estilos musicais, no entanto, as guitarras passaram por uma série de adaptações, as cordas deixaram de ser duplas e foi adotado um padrão para a afinação e o número de cordas. Assim, no final do século XIX, surgiu o violão como o conhecemos hoje.

Foi a necessidade de amplificar o som do violão que fez com que, na década de 1930, fosse desenvolvida a guitarra elétrica. Em 1931, Adolf Rickenbacker, engenheiro suíço radicado nos Estados Unidos, e o músico estadunidense George Beauchamp criaram a *frying pan* (em português, "frigideira").

Acompanhe, na linha do tempo ao lado, a trajetória do alaúde à guitarra elétrica.

Do alaúde ao trio elétrico

Veja nessa linha do tempo como o alaúde surgiu na Antiguidade e sua evolução, passando pelas violas portuguesas até chegar à guitarra e à formação dos trios elétricos.
Disponível em <http://mod.lk/aa9u1t1>.

Frying pan, considerada a primeira guitarra elétrica comercialmente viável.

TECLADO, BAIXO ELÉTRICO E BATERIA

Outros instrumentos característicos do *rock* são o **teclado**, o **contrabaixo** e a **bateria**. O teclado é um instrumento elétrico oriundo do piano. Com a guitarra elétrica, o teclado é responsável pela execução da harmonia da música, podendo também executar alguns solos. Ouça, na faixa 06 do CD, o solo do áudio da faixa 03 acrescido do som do teclado.

O teclado é tocado de modo similar a como se toca o piano.

O **baixo elétrico**, também chamado **contrabaixo**, é um instrumento de cordas cuja função é estabelecer a "junção" entre a harmonia e o ritmo. Ouça, na faixa 07 do CD, o solo de "Admirável *chip* novo" acompanhado do som do baixo elétrico.

A **bateria** é um conjunto de instrumentos de percussão, como o surdo, o prato e o bumbo. Ouça, na faixa 08 do CD, o solo dos áudios anteriores acrescidos da percussão da bateria.

O baixo elétrico também possibilita a realização de improvisos.

Na bateria, todos os instrumentos de percussão são tocados por apenas um instrumentista.

- Com a orientação do professor, observe a pauta musical a seguir. Depois, faça o que se pede.

A partitura musical serve para registrar a altura e a duração dos sons. Nas partituras utilizadas para o canto, além dos sons, geralmente é registrada a letra da canção. Agora, seguindo as orientações do professor e as etapas abaixo, você vai realizar uma atividade em que vai experienciar seguir (acompanhar) uma partitura musical enquanto canta.

a) Ouça algumas vezes a canção "Admirável *chip* novo", da cantora Pitty, até que decore a melodia.

b) Depois, cante novamente acompanhando a letra na partitura.

c) Procure perceber em que pontos dessa canção a melodia é mais aguda.

d) Em seguida, tente perceber qual é a relação entre os pontos mais agudos da melodia e a posição das notas na pauta.

27

TEMA 2: AS INFLUÊNCIAS DO ROCK NA MÚSICA BRASILEIRA

A JOVEM GUARDA

No Brasil, o *rock* ganhou força na década de 1960 com o surgimento da **Jovem Guarda**, movimento musical que teve influência das tendências musicais estrangeiras, como a sonoridade do *rock* e o uso da guitarra elétrica, e que se tornou um símbolo da modernização da música brasileira.

A Jovem Guarda teve início com um programa de auditório apresentado pelo cantor e compositor Roberto Carlos. Dividiam o palco com ele a cantora Wanderléa e o cantor e compositor Erasmo Carlos, que também participaram ativamente desse movimento.

As canções da Jovem Guarda falavam de amor e do cotidiano e embalavam a juventude brasileira. Muitas dessas canções eram versões de músicas originárias dos Estados Unidos. Com letras traduzidas ou adaptadas para o português, as canções eram acompanhadas pela guitarra elétrica. Esses fatos revelam a influência da cultura estadunidense nesse movimento.

A Jovem Guarda pode ser considerada um dos primeiros movimentos de música popular no Brasil. A renovação estética que promoveu com a introdução de elementos que faziam sucesso no exterior influenciou a Tropicália e o *pop-rock* da década de 1980, movimentos que vamos conhecer nas próximas páginas.

Wanderléa, Roberto Carlos e Erasmo Carlos no programa Jovem Guarda, em São Paulo. Foto de 1967.

Adoração (Altar para Roberto Carlos)

A Jovem Guarda ocorreu durante os anos em que o Brasil viveu sob o Regime Militar. Os integrantes do movimento da Jovem Guarda, muitas vezes, eram criticados em razão da ingenuidade de suas canções, que não estavam relacionadas às questões políticas e sociais do país. Mais adiante você vai conhecer artistas que se engajaram na resistência ao regime e criaram as chamadas *canções de protesto*.

Em 1966, o artista visual Nelson Leirner, motivado pela representatividade de Roberto Carlos, criou a obra *Adoração (Altar para Roberto Carlos)*, reproduzida na imagem a seguir.

Adoração (Altar para Roberto Carlos) (1966), de Nelson Leirner. Instalação com catraca de ferro, veludo, montagem de imagens religiosas, tela pintada e néon, 205 × 105 cm. Museu de Arte de São Paulo Assis Chateaubriand (Masp), São Paulo (SP).

1. Observe a reprodução da obra de Nelson Leirner nesta página. Depois, descreva-a.
2. Em sua opinião, qual seria a crítica apresentada por Nelson Leirner nessa obra?

O TROPICALISMO

No Brasil, em meados da década de 1960, tornaram-se comuns os festivais de música popular. Em um desses festivais, em 1967, os cantores e compositores Caetano Veloso e Gilberto Gil lançaram as bases do **Tropicalismo**, movimento cultural que influenciou, principalmente, a produção musical no Brasil.

No festival de 1967, Caetano Veloso apresentou a canção "Alegria, alegria", e Gilberto Gil cantou "Domingo no parque". Você já ouviu alguma dessas canções? Elas conquistaram, respectivamente, o quarto e o segundo lugares nesse festival. Elas foram cantadas com o acompanhamento de guitarras elétricas.

Na época, esses instrumentos eram símbolo da música e da cultura estadunidense, e por isso causaram estranhamento no público. A Música Popular Brasileira (MPB), sobretudo a bossa nova, naquela época, estava diretamente relacionada ao som do violão.

O artista Caetano Veloso, no centro da foto, no III Festival da Música Popular Brasileira, em São Paulo (SP), no ano de 1967.

A bossa nova

A **bossa nova** é um estilo musical brasileiro que se consolidou no fim da década de 1950. O samba e o *jazz* foram suas principais influências. As canções desse estilo se caracterizam pelo andamento lento e pela presença do violão. Outra característica marcante da bossa nova é a maneira de cantar. Os cantores interpretam as canções com voz muito "baixa", quase sussurrando. Ouça a faixa 09 do CD e perceba essas características.

Um dos principais representantes da bossa nova foi o cantor e compositor Tom Jobim (1927-1994). Foto de 1987.

AS PRINCIPAIS CARACTERÍSTICAS DO TROPICALISMO

A fusão de diferentes estilos musicais é uma das características marcantes do movimento tropicalista. Na primeira foto reproduzida na página anterior, por exemplo, Caetano Veloso é acompanhado por um músico que toca guitarra elétrica e por outro que toca uma pandeirola. Na foto desta página, o músico que está à direita toca uma guitarra elétrica, e o da esquerda, um berimbau; ao centro está o cantor e compositor Gilberto Gil.

Instrumentos e ritmos característicos de estilos musicais muito diferentes como o *rock*, o baião, o samba e o bolero, assim como elementos da música popular e da música erudita, misturaram-se na criação do Tropicalismo.

Ao introduzir o som da guitarra elétrica, os artistas tropicalistas desejavam incorporar e reinterpretar elementos culturais estrangeiros para, dessa maneira, universalizar a música brasileira e torná-la mais próxima dos jovens. Ao "devorar" a cultura estrangeira para recriar a cultura nacional, os tropicalistas revelaram a influência do Manifesto Antropófago, redigido pelo escritor Oswald de Andrade (1890-1954). Nesse manifesto, o escritor propôs a antropofagia cultural, que consistia em se apropriar da cultura europeia e recriá-la de um modo brasileiro.

As letras das canções do movimento tropicalista revelam, ainda, a influência da poesia concreta, tipo de composição literária que você conhecerá no próximo Tema.

Além de Caetano Veloso e Gilberto Gil, destacaram-se no movimento tropicalista a cantora Gal Costa, os cantores e compositores Rita Lee e Tom Zé, o maestro Rogério Duprat (1932-2006) e os poetas Torquato Neto (1944-1972) e Capinam.

Gilberto Gil e Os Mutantes no III Festival da Música Popular Brasileira, em São Paulo (SP), 1967.

ATIVIDADE

- (Enem) "Mesmo tendo a trajetória do movimento interrompida com a prisão de seus dois líderes, o tropicalismo não deixou de cumprir seu papel de vanguarda na música popular brasileira. A partir da década de 70 do século passado, em lugar do produto musical de exportação de nível internacional prometido pelos baianos com a 'retomada da linha evolutória', instituiu-se nos meios de comunicação e na indústria do lazer uma nova era musical."

TINHORÃO, J. R. *Pequena história da música popular*: da modinha ao tropicalismo. São Paulo: Ars, 1986 (adaptado).

A nova era musical mencionada no texto evidencia um gênero que incorporou a cultura de massa e se adequou à realidade brasileira. Esse gênero está representado pela obra cujo trecho da letra é:

a) A estrela d´alva / No céu desponta / E a lua anda tonta / Com tamanho esplendor. ("As pastorinhas", Noel Rosa e João de Barro)

b) Hoje / Eu quero a rosa mais linda que houver / Quero a primeira estrela que vier / Para enfeitar a noite do meu bem. ("A noite do meu bem", Dolores Duran)

c) No rancho fundo / Bem pra lá do fim do mundo / Onde a dor e a saudade / Contam coisas da cidade. ("No rancho fundo", Ary Barroso e Lamartine Babo)

d) Baby Baby / Não adianta chamar / Quando alguém está perdido / Procurando se encontrar. ("Ovelha negra", Rita Lee)

e) Pois há menos peixinhos a nadar no mar / Do que os beijinhos que eu darei / Na sua boca. ("Chega de saudade", Tom Jobim e Vinicius de Moraes)

RITA LEE

Nascida em São Paulo (SP), em 1947, a cantora, compositora, instrumentista e escritora Rita Lee é uma das pioneiras do *rock* no Brasil. Como vimos, ela integrou o Tropicalismo e, com os demais integrantes desse movimento, contribuiu para a renovação estética da Música Popular Brasileira.

Durante o movimento tropicalista, Rita Lee fez parte da banda Os Mutantes, considerada até hoje uma das principais bandas de *rock* do Brasil. Além dela, faziam parte dessa banda os músicos Arnaldo Baptista, Sérgio Dias Baptista, Liminha e Dinho Leme.

A partir de 1979, Rita Lee estabeleceu uma parceria musical com o multi-instrumentista e compositor Roberto de Carvalho e lançou músicas que alcançaram grande sucesso, como "Doce vampiro", "Lança perfume" e "Baila comigo".

Ainda hoje, embora não esteja mais se apresentando, Rita Lee é conhecida como a "rainha do *rock*".

Arnaldo Baptista, Rita Lee e Sérgio Dias Baptista, da banda Os Mutantes, no III Festival Internacional da Canção, no Rio de Janeiro (RJ), em 1968.

Rita Lee se apresenta em São Paulo (SP), em 2010.

ATIVIDADE

- (Enem) A capa do LP *Os Mutantes*, de 1968, ilustra o movimento da contracultura. O desafio à tradição nessa criação musical é caracterizado por

    a) letras e melodias com características amargas e depressivas.

    b) arranjos baseados em ritmos e melodias nordestinos.

    c) sonoridades experimentais e confluência de elementos populares e eruditos.

    d) temas que refletem situações domésticas ligadas à tradição popular.

    e) ritmos contidos e reservados em oposição aos modelos estrangeiros.

OUTRAS EXPERIÊNCIAS

Rita Lee mora ao lado

Em 2014, foi lançado o musical *Rita Lee mora ao lado*. Escrito por Paulo Rogério Lopes e dirigido por Débora Debois e Márcio Macena, esse espetáculo levou para os palcos aspectos da vida e da obra de Rita Lee. O texto do musical é uma adaptação do livro *Rita Lee mora ao lado: uma biografia alucinada da rainha do rock*, de Henrique Bartsch.

O musical abordou as trajetórias pessoal e profissional de Rita Lee, da infância à atualidade. A montagem apresentou ao público, por exemplo, as dificuldades vividas pela artista em sua adolescência e as parcerias que estabeleceu com artistas como Roberto Carlos, Tim Maia (1942-1998), Elis Regina (1945-1982), Gilberto Gil e Caetano Veloso. A atriz Mel Lisboa protagonizou o musical, interpretando canções clássicas do repertório de Rita Lee, como "Agora só falta você" e "Esse tal de Roque Enrow".

Capa do livro *Rita Lee mora ao lado: uma biografia alucinada da rainha do rock*, de Henrique Bartsch, lançado em 2006.

A atriz Mel Lisboa em cena do musical *Rita Lee mora ao lado*, em São Paulo (SP), em 2015.

"TROPICÁLIA"

Uma das canções mais marcantes do movimento tropicalista é "Tropicália", lançada em 1967 no álbum *Caetano Veloso*.

Em seu livro *Verdade tropical*, Caetano Veloso revelou que uma das inspirações para compor "Tropicália" foi a canção "São coisas nossas", do cantor e compositor Noel Rosa (1910-1937). Escrita em 1932, essa canção apresenta um retrato do Brasil nas primeiras décadas do século XX, destacando características culturais e sociais do país.

Leia a seguir a letra de "Tropicália" e ouça uma gravação na faixa 10 do CD.

Capa do LP *Caetano Veloso*, de 1967.

Tropicália

"[...]
Sobre a cabeça os aviões
Sob os meus pés os caminhões
Aponta contra os chapadões
Meu nariz
Eu organizo o movimento
Eu oriento o carnaval
Eu inauguro o monumento no planalto central
Do país

Viva a bossa-sa-sa
Viva a palhoça-ça-ça-ça-ça
Viva a bossa-sa-sa
Viva a palhoça-ça-ça-ça-ça

O monumento é de papel crepom e prata
Os olhos verdes da mulata
A cabeleira esconde atrás da verde mata
O luar do sertão
O monumento não tem porta
A entrada é uma rua antiga, estreita e torta
E no joelho uma criança sorridente, feia e morta
Estende a mão

Viva a mata-ta-ta
Viva a mulata-ta-ta-ta-ta
Viva a mata-ta-ta
Viva a mulata-ta-ta-ta-ta

No pátio interno há uma piscina
Com água azul de Amaralina
Coqueiro, brisa e fala nordestina e faróis
Na mão direita tem uma roseira
Autenticando eterna primavera
E nos jardins os urubus passeiam a tarde inteira
Entre os girassóis

Viva Maria-ia-ia
Viva a Bahia-ia-ia-ia-ia
Viva Maria-ia-ia
Viva a Bahia-ia-ia-ia-ia

No pulso esquerdo o *bang-bang*
Em suas veias corre muito pouco sangue
Mas seu coração balança um samba de tamborim
Emite acordes dissonantes
Pelos cinco mil alto-falantes
Senhora e senhores, ele põe os olhos grandes
Sobre mim

Viva Iracema-ma-ma
Viva Ipanema-ma-ma-ma-ma
Viva Iracema-ma-ma
Viva Ipanema-ma-ma-ma-ma

Domingo é *O fino da bossa*
Segunda-feira está na fossa
Terça-feira vai à roça
Porém
O monumento é bem moderno
Não disse nada do modelo do meu terno
Que tudo mais vá pro inferno, meu bem

Viva a banda-da-da
Carmem Miranda-da-da-da-da
Viva a banda-da-da
Carmem Miranda-da-da-da-da"

VELOSO, Caetano. Tropicália. Em: VELOSO, Caetano. *Caetano Veloso*. Philips, 1967.

ATIVIDADES

1. Releia a letra de "Tropicália". Depois, responda às questões a seguir.

a) Qual é o "monumento" a que Caetano Veloso se refere na letra dessa canção?

_____

b) Que elementos da cultura nacional são apresentados?

_____
_____
_____

2. Leia a seguir um trecho da canção "São coisas nossas" e ouça uma gravação na faixa 11 do CD. Depois, responda às questões propostas.

São coisas nossas

"Queria ser pandeiro
Pra sentir o dia inteiro
A tua mão na minha pele a batucar
Saudade do violão e da palhoça
Coisa nossa, coisa nossa

O samba, a prontidão ⎫
E outras bossas   ⎬ Refrão
São nossas coisas   ⎪
São coisas nossas   ⎭

Malandro que não bebe
Que não come
Que não abandona o samba
Pois o samba mata a fome
Morena bem bonita lá na roça
Coisa nossa, coisa nossa

{Refrão}

Baleiro, jornaleiro
Motorneiro, condutor e passageiro
Prestamista e vigarista
E o bonde que parece uma carroça
Coisa nossa, muito nossa

{Refrão}

[...]"

ROSA, Noel. São coisas nossas. Em: VILA, Martinho da. *Poeta da cidade*: Martinho canta Noel. Rio de Janeiro: Biscoito Fino, 2010.

Prontidão: falta de dinheiro.

a) Em sua opinião, o que Noel Rosa quis dizer no refrão "O samba, a prontidão / E outras bossas / São nossas coisas, / São coisas nossas!"?

_____

b) Quais são as semelhanças e as diferenças entre a canção de Caetano Veloso e a de Noel Rosa?

_____
_____
_____

c) Reúna-se com quatro colegas e, inspirados pelas canções de Caetano Veloso e de Noel Rosa, elaborem um cartaz com o título "São coisas nossas". Representem nesse cartaz aspectos culturais, políticos e sociais do Brasil atual, desenhando ou colando imagens de jornais e revistas. Apresentem a produção de vocês aos demais colegas e ao professor no dia agendado por ele.

OS FESTIVAIS DA CANÇÃO

Você viu nas páginas anteriores que o movimento tropicalista surgiu em um festival de música popular realizado em 1967. Além de promover a divulgação de produções de compositores e músicos que marcaram a história da Música Popular Brasileira (MPB), os festivais da canção foram um espaço de apresentação de obras de resistência ao Regina Militar.

Transmitidos por emissoras de televisão, os festivais eram divididos em fases nacionais e internacionais, nas quais um júri técnico analisava as canções inscritas e escolhia a vencedora. Observe a foto reproduzida a seguir. Ela mostra um registro do III Festival Internacional da Canção, realizado em 1968.

O cantor e compositor Geraldo Vandré (à esquerda, com o violão), as irmãs e cantoras Cynara e Cybele (ao centro) e o produtor musical, jornalista e compositor Nelson Motta (à direita, de frente), entre outros artistas, durante o III Festival Internacional da Canção.

No festival de 1968, Cynara e Cybele (1940-2014) interpretaram a canção "Sabiá", de Chico Buarque e Tom Jobim (1927-1994). Essa canção conquistou o primeiro lugar no festival. A canção "Pra não dizer que não falei das flores", de Geraldo Vandré, que você conhecerá na próxima página, ficou em segundo lugar. O resultado, no entanto, não agradou o público, que preferia a canção de Vandré.

Os festivais também foram um espaço de resistência ao Regime Militar. Artistas como Geraldo Vandré e Chico Buarque usavam esse espaço para apresentar canções em que denunciavam, por meio de metáforas e palavras de duplo sentido, as decisões tomadas pelo governo militar. Chamadas de **canções de protesto**, muitas dessas produções foram censuradas.

Metáfora: designação de um objeto ou qualidade mediante uma palavra que designa outro objeto ou qualidade que tem com o primeiro uma relação de semelhança.

UM HINO CONTRA A DITADURA

A canção "Pra não dizer que não falei das flores", apresentada por Geraldo Vandré no festival de 1968, tornou-se um hino da resistência à ditadura. Pouco tempo após a apresentação, a canção foi censurada e Geraldo Vandré, obrigado a exilar-se no Chile e, depois, na França. Leia a seguir a letra dessa canção e ouça uma gravação na faixa 12 do CD.

Geraldo Vandré durante apresentação no III Festival Internacional da Canção, em 1968.

Pra não dizer que não falei das flores

"Caminhando e cantando
E seguindo a canção
Somos todos iguais
Braços dados ou não
Nas escolas, nas ruas,
Campos, construções
Caminhando e cantando
E seguindo a canção

Vem, vamos embora
Que esperar não é saber
Quem sabe faz a hora
Não espera acontecer

Vem, vamos embora
Que esperar não é saber
Quem sabe faz a hora
Não espera acontecer   } Refrão

Pelos campos há fome
Em grandes plantações
Pelas ruas marchando
Indecisos cordões
Ainda fazem da flor
Seu mais forte refrão
E acreditam nas flores
Vencendo o canhão

{Refrão}

Há soldados armados,
Amados ou não
Quase todos perdidos
De armas na mão
Nos quartéis lhes ensinam
Uma antiga lição
De morrer pela pátria
E viver sem razão

{Refrão}

Nas escolas, nas ruas,
Campos, construções
Somos todos soldados,
Armados ou não
Caminhando e cantando
E seguindo a canção
Somos todos iguais
Braços dados ou não

Os amores na mente,
As flores no chão
A certeza na frente,
A história na mão
Caminhando e cantando
E seguindo a canção
Aprendendo e ensinando
Uma nova lição

{Refrão}"

VANDRÉ, Geraldo. Pra não dizer que não falei das flores. Em: SIMONE. *Ao vivo no Canecão*. Rio de Janeiro: EMI-Odeon, 1980. Faixa 9.

CHICO BUARQUE E A CENSURA

O cantor e compositor Chico Buarque também sofreu com a censura. A primeira obra do artista a ser censurada foi "Tamandaré", canção que integrava, em 1966, o show *Meu refrão*. Os militares obrigaram a retirada da canção do repertório, afirmando que a letra os insultava ao desrespeitar a memória de Joaquim Marques Lisboa (1807-1897), o almirante Tamandaré, considerado o patrono da Marinha brasileira.

Diante das pressões dos militares, em 1969, Chico Buarque mudou-se para a Itália. Em 1973, já de volta ao Brasil, Chico Buarque produziu, em parceria com o cantor e compositor Gilberto Gil, a canção "Cálice" (que sugere a imposição "cale-se"), que teve a letra vetada pela censura.

Em 1978, após retornar de Cuba, país socialista, onde participou como jurado em um concurso, Chico Buarque foi detido pelo Departamento de Ordem Política Social (Dops), órgão criado pelos militares para reprimir as manifestações contra a ditadura. Chico Buarque também participou ativamente do movimento Diretas Já, na década de 1980, pelas eleições diretas para presidente da República.

Chico Buarque em apresentação no Rio de Janeiro (RJ), em 2012.

ATIVIDADE

- Você conhece alguma canção de Chico Buarque? Em caso afirmativo, cante um trecho dessa canção para os colegas.

"APESAR DE VOCÊ"

Em 1970, Chico Buarque voltou da Itália, após ser informado de que a situação política no Brasil tinha melhorado. No entanto, ao ver que o cenário político do país continuava o mesmo, ele compôs a canção "Apesar de você". Leia a seguir a letra dessa canção.

Apesar de você

"(Amanhã vai ser outro dia...)

Hoje você é quem manda
Falou, tá falado
Não tem discussão, não
A minha gente hoje anda
Falando de lado
E olhando pro chão, viu
Você que inventou esse estado
E inventou de inventar
Toda a escuridão
Você que inventou o pecado
Esqueceu-se de inventar
O perdão

Apesar de você
Amanhã há de ser
Outro dia
Eu pergunto a você
Onde vai se esconder
Da enorme euforia
Como vai proibir
Quando o galo insistir
Em cantar
Água nova brotando
E a gente se amando
Sem parar

Quando chegar o momento
Esse meu sofrimento
Vou cobrar com juros, juro
Todo esse amor reprimido
Esse grito contido
Este samba no escuro
Você que inventou a tristeza
Ora, tenha a fineza
De desinventar
Você vai pagar e é dobrado
Cada lágrima rolada
Nesse meu penar

Apesar de você
Amanhã há de ser
Outro dia
Inda pago pra ver
O jardim florescer
Qual você não queria
Você vai se amargar
Vendo o dia raiar
Sem lhe pedir licença
E eu vou morrer de rir
Que esse dia há de vir
Antes do que você pensa

(Apesar de você)

Apesar de você
Amanhã há de ser
Outro dia
Você vai ter que ver
A manhã renascer
E esbanjar poesia
Como vai se explicar
Vendo o céu clarear
De repente, impunemente
Como vai abafar
Nosso coro a cantar
Na sua frente

(Apesar de você)

Apesar de você
Amanhã há de ser
Outro dia
Você vai se dar mal
Etc. e tal, la, laiá, la, laiá..."

BUARQUE, Chico. Apesar de você.
Em: BUARQUE, Chico. *Chico Buarque*.
Rio de Janeiro: Philips/Polygram, 1978.
Faixa 11.

ATIVIDADES

1. Em sua opinião, quem seria o "você" a que Chico Buarque se refere na canção "Apesar de você"?

 2. Após ouvir uma regravação de "Apesar de você", na faixa 13 do CD, responda: em sua opinião, essa canção pertence a que estilo musical? Comente sua resposta com os colegas.

3. Que diferenças você percebe entre o ritmo dessa canção e o de "Pra não dizer que não falei das flores", de Geraldo Vandré?

4. Atualmente há artistas brasileiros que usam a música para protestar contra situações de violação dos direitos humanos? Faça uma breve pesquisa sobre o assunto, registre os resultados no caderno e compartilhe-os com os colegas no dia agendado pelo professor.

O ROCK NA DÉCADA DE 1980

Nos anos 1980, o rock nacional representou os ideais de protesto e descontentamento político e social, já que a ditadura militar, iniciada com o golpe de 1964, se estenderia até 1985. Nessa época, as letras desse estilo musical passaram a refletir sobre a situação política e econômica do país. Foi nesse contexto que surgiram bandas como Barão Vermelho, Titãs, Os Paralamas do Sucesso e Legião Urbana.

BARÃO VERMELHO

A banda Barão Vermelho foi formada no Rio de Janeiro em 1981 e lançou os músicos Cazuza (1958-1990) e Roberto Frejat, principais compositores e intérpretes das canções desse grupo. As canções "Bete Balanço" e "Maior abandonado", por exemplo, dois dos maiores sucessos do Barão Vermelho, são de autoria da dupla.

Com a saída de Roberto Frejat do Barão Vermelho, em 2017, atualmente o grupo conta com Guto Goffi (baterista), Maurício Barros (tecladista), ambos da formação original do Barão Vermelho, e Rodrigo Suricato (guitarrista), Rodrigo Santos (contrabaixista) e Fernando Magalhães (guitarrista).

Os músicos Guto Goffi, Maurício Barros, Rodrigo Suricato, Rodrigo Santos e Fernando Magalhães, do Barão Vermelho, em foto no Rio de Janeiro (RJ), em 2017.

TITÃS

A banda Titãs foi criada em 1982 e gravou seu primeiro álbum em 1984. Ao longo dos anos, diversos cantores e compositores integraram a banda, como Arnaldo Antunes e Nando Reis, que seguiram carreira solo após saírem do grupo. A formação original dos Titãs contava ainda com os músicos Charles Gavin e Marcelo Fromer (1961-2001). Atualmente, os Titãs contam com os seguintes artistas: Tony Bellotto na guitarra; Branco Mello no vocal e baixo elétrico; Sérgio Britto no vocal, nos teclados e baixo elétrico; Mario Fabre, na bateria; e Beto Lee na guitarra.

Mario Fabre, Tony Bellotto, Beto Lee, Branco Mello e Sérgio Britto, dos Titãs, em São Paulo (SP), 2016.

OS PARALAMAS DO SUCESSO

Formada em 1982, a banda Os Paralamas do Sucesso conta com o guitarrista e cantor Herbert Vianna, o baixista Bi Ribeiro e o baterista João Barone como seus integrantes. Ao longo dos anos, essa banda lançou canções de muito sucesso, como "Óculos", "Meu erro" e "Uma brasileira".

João Barone, Herbert Vianna e Bi Ribeiro, integrantes dos Paralamas do Sucesso, no Rio de Janeiro (RJ), em 2014.

LEGIÃO URBANA

Em Brasília (DF), em 1982, Renato Russo (1960-1996) se reuniu com três amigos e criou uma das bandas de maior expressividade da história do *rock* brasileiro, a Legião Urbana. Nessa década, o Distrito Federal foi o berço de diversas bandas de *rock*, como Capital Inicial e Raimundos. Em 1985, além do cantor e compositor Renato Russo, a banda contava com Marcelo Bonfá na bateria, Dado Villa-Lobos na guitarra e Renato Rocha no baixo elétrico, e foi com essa formação que eles lançaram o primeiro álbum, intitulado *Legião Urbana*. A banda permaneceu em atividade até 1996, ano de falecimento de Renato Russo.

Os músicos Dado Villa-Lobos, Renato Russo e Marcelo Bonfá no Rio de Janeiro (RJ), em 1993.

ATIVIDADES

1. Você conhece canções das bandas apresentadas nesta página e na página anterior? Em caso afirmativo, fale sobre elas com os colegas.

2. Forme um grupo com cinco colegas. Pesquisem as bandas de *rock* nacionais que fazem sucesso hoje. Na data agendada pelo professor, apresentem os resultados aos colegas.

A OBRA DE CAZUZA

O cantor e compositor Agenor de Miranda Araújo Neto, o Cazuza, foi vocalista da banda Barão Vermelho até 1985, quando deu início à sua carreira solo.

Mesmo após deixar o Barão Vermelho, Cazuza manteve sua parceria musical com Roberto Frejat, coautor de muitas canções gravadas por Cazuza em seus discos solo. Entre as canções de sucesso gravadas por Cazuza estão "Codinome Beija-flor", "Ideologia", "O tempo não para", "Faz parte do meu *show*" e "Brasil".

Cazuza em *show* no Rio de Janeiro (RJ), em 1985.

A música "Brasil" foi lançada por Cazuza em 1988. Nessa época, após anos de ditadura, o país passava por um processo de redemocratização, período em que foram restituídos os direitos de cidadania. Nesse mesmo ano, foi promulgada a Constituição de 1988, que ficou conhecida como "Constituição cidadã". Esse panorama político e social vivido pelos brasileiros após mais de vinte anos de regime militar está presente na letra da canção "Brasil". Veja na próxima página a letra dessa canção.

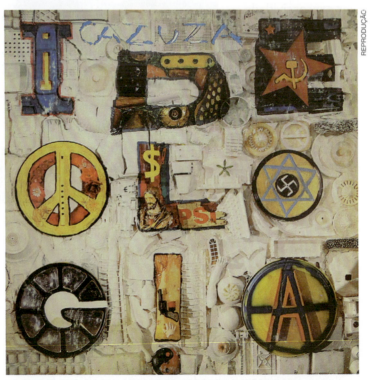

Ideologia foi o terceiro álbum lançado por Cazuza em carreira solo. "Brasil" está entre as canções que fazem parte desse álbum.

ATIVIDADE PRÁTICA

 • Leia a seguir a letra da canção "Brasil" e ouça uma regravação na faixa 14 do CD.

Brasil

"Não me convidaram
Pra esta festa pobre
Que os homens armaram
Pra me convencer
A pagar sem ver
Toda essa droga
Que já vem malhada
Antes de eu nascer...

Não me ofereceram
Nem um cigarro
Fiquei na porta
Estacionando os carros
Não me elegeram
Chefe de nada
O meu cartão de crédito
É uma navalha...

Brasil! ⎫
Mostra tua cara ⎪
Quero ver quem paga ⎪
Pra gente ficar assim ⎬ Refrão
Brasil! ⎪
Qual é o teu negócio? ⎪
O nome do teu sócio? ⎪
Confia em mim... ⎭

Não me convidaram
Pra essa festa pobre
Que os homens armaram
Pra me convencer
A pagar sem ver
Toda essa droga
Que já vem malhada
Antes de eu nascer...

Não me sortearam
A garota do Fantástico
Não me subornaram
Será que é o meu fim?
Ver TV a cores
Na taba de um índio
Programada
Pra só dizer 'sim, sim'

{Refrão}

Grande pátria
Desimportante
Em nenhum instante
Eu vou te trair
Não, não vou te trair...

{Refrão}

Confia em mim...
Brasil!!"

CAZUZA; ISRAEL, George; ROMERO, Nilo. Brasil. Em: CAZUZA. *Ideologia*. Rio de Janeiro: PolyGram, 1988. Faixa 6.

a) Qual seria a intenção dos autores ao usar a expressão "Brasil! Mostra tua cara" no refrão da canção? Comente sua opinião com os colegas.

b) Pesquise outras canções da música brasileira desse período que também buscavam colocar em discussão alguma questão política ou social. Depois, apresente-as aos colegas na data previamente agendada pelo professor.

c) Com a orientação do professor, forme um grupo com quatro colegas. Escrevam uma **paródia** da música "Brasil" para retratar um aspecto atual do país. Para isso, vocês devem substituir a letra original pela letra escrita pelo grupo. Para os ensaios e para a apresentação, utilizem a versão instrumental da música, que se encontra na faixa 15 do CD. Ensaiem e, na data agendada pelo professor, apresentem-na aos colegas de turma.

COMPREENDER UM TEXTO

Em busca do tempo perdido

A seguir, você vai ler um trecho do volume 2 do livro *Em busca do tempo perdido*, de Marcel Proust, intitulado *À sombra das raparigas em flor*. O autor relata a experiência de assistir à apresentação da *performance* da cantora lírica Berma, personagem de seu romance, interpretando uma ária da ópera *Fedra*.

"Ouvia-a como se lesse *Fedra*, ou como se a própria Fedra dissesse naquele momento as coisas que eu escutava, sem que o talento da Berma parecesse acrescentar-lhe coisa alguma. Desejaria — para poder aprofundá-la, para tratar de descobrir o que tinha de belo — fazer parar, imobilizar por longo tempo diante de mim cada entonação da artista, cada expressão da sua fisionomia; pelo menos, à força de agilidade mental, já tendo a atenção instalada e a postos antes de cada verso, procurava não distrair em preparativos uma parcela da duração de cada palavra, de cada gesto, e graças à intensidade de minha atenção, chegar a penetrar neles tão profundamente como se tivesse longas horas ao meu dispor. Mas como era breve aquela duração! Mal chegava um som a meu ouvido, já vinha outro substituí-lo. Numa cena em que a Berma permanece imóvel um instante, com o braço erguido à altura do rosto banhado em luz esverdeada, graças a um artifício de iluminação, diante do cenário que representa o mar, a sala rompeu em aplausos, mas já a atriz mudara de posição e o quadro que eu desejaria estudar não mais existia. [...]

Afinal explodiu meu primeiro sentimento de admiração: foi provocado pelos aplausos frenéticos dos espectadores. Misturei-lhes os meus, tratando de prolongá-los, a fim de que a Berma, por gratidão, se superasse a si mesma, e assim pudesse eu ficar certo de que a ouvira num de seus melhores dias. E o curioso é que, segundo depois o soube, o momento em que se desencadeou o entusiasmo do público foi aquele de fato em que a Berma tem um de seus melhores achados. Parece que certas realidades transcendentes emitem ondas a que é sensível a multidão. [...] À medida que eu ia aplaudindo, parecia-me que a Berma havia representado melhor."

PROUST, Marcel. *À sombra das raparigas em flor.*
(*Em busca do tempo perdido*, v. 2.) Tradução Mário Quintana.
São Paulo: Globo, 2006. p. 40-41.

QUESTÕES

1. O narrador manifesta um desejo em relação à execução musical que ele escutava que, aparentemente, ele não consegue cumprir. Qual seria esse desejo? O que parece impedir esse desejo de se realizar?

2. A que sentimento do público o narrador faz referência quando fala em "ondas a que é sensível a multidão"? Em que trecho ele descreve a cena que provocou esse sentimento?

ATITUDES PARA A VIDA

A presença do músico

Desde o começo do século XX, popularizaram-se técnicas que permitem aos produtores musicais fixar a *performance* dos músicos em gravações e vendê-las em mídias como discos de vinil, fitas cassete, cds, arquivos de computador transmitidos por internet etc. Mas nem sempre foi assim. Em outros tempos, não havia música sem a presença do músico. O sentido da experiência musical também era, por isso, diferente.

A arte da criação musical envolve a combinação de sons de diferentes **alturas** e **durações**. A sucessão das notas musicais é capaz de transformar nossas emoções e sentimentos a partir do estímulo do sentido da audição, mas esse sentido não é o único a ser afetado quando acompanhamos a *performance* de um músico ou de um conjunto musical, ou mesmo quando assistimos a um videoclipe. Nesses contextos, há uma combinação da audição com os outros sentidos que torna a experiência musical ainda mais envolvente e transformadora.

Para cumprir essa função de transformação, a arte musical exige que os ouvintes mantenham uma escuta atenta a cada detalhe da composição. As variações de altura, quando a melodia alcança tonalidades mais agudas ou mais graves, a alternância de intensidade, que corresponde a sons mais fortes ou mais fracos, a presença de instrumentos de percussão, o desenvolvimento dos instrumentos de corda, todos esses elementos dão complexidade e sabor à experiência musical e exigem a atenção do ouvinte cuidadoso.

Apresentação de Elza Soares em Fortaleza (CE), 2003. A cantora é conhecida por sua forte presença no palco, que, combinada à potência de sua voz, causa grande impacto sobre seu público.

QUESTÕES

1. Em dupla, conversem sobre conjuntos musicais e cantores que vocês acham interessantes. Escolham uma música que tenha um videoclipe gravado ao vivo, mostrando os detalhes da *performance* musical. Assistam com atenção ao vídeo, registrando associações entre a gestualidade dos músicos e as características da canção. Depois, escrevam um texto narrativo e descritivo a partir de suas anotações, com o objetivo de explicar para alguém que nunca viu esse vídeo como ele é e de que forma os músicos se envolvem com o que eles tocam.

2. A partir do trabalho de descrição da *performance* escolhida, respondam por escrito: Vocês acham que é possível apreciar verdadeiramente uma obra musical sem atentar a cada detalhe dela? De que maneira a atitude de **controlar a impulsividade** pode colaborar para a apreciação de obras musicais?

TEMA 3: NOVAS EXPERIÊNCIAS

A POSSIBILIDADE DE GRAVAR E REPRODUZIR SONS

O desenvolvimento tecnológico sempre acompanhou a história da música. Imagine, por exemplo, que antes da invenção do gravador sonoro só era possível registrar uma composição musical por meio do registro manuscrito das partituras, e a audição só poderia acontecer com a apresentação ao vivo de um instrumento musical ou de um cantor. Por essa razão, afirma-se que a possibilidade de gravar um som mudou a história da música. Mas você sabe quando foi inventado o primeiro gravador de som? E, caso saiba, quem foi o responsável por essa invenção?

Em 1877, Thomas Edison (1847-1931) criou o **fonógrafo**, o primeiro aparelho que possibilitou a gravação e a reprodução de sons.

Poucos anos depois da invenção do fonógrafo, em 1888, surgiu o **gramofone**, aparelho que permitia a gravação e a reprodução de sons em discos metálicos. O gramofone foi desenvolvido por Emil Berliner (1851-1929) e representou uma grande inovação, pois permitia a gravação de várias cópias de um disco com base em uma matriz. A invenção do gramofone abriu caminho para a música gravada da maneira como a conhecemos hoje.

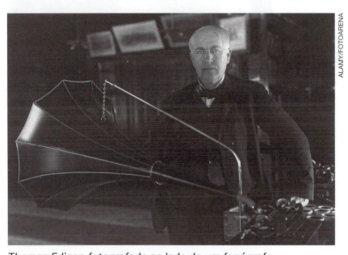

Thomas Edison fotografado ao lado de um fonógrafo, uma de suas principais invenções. Foto de 1908.

Emil Berliner manuseia um gramofone. Foto de 1927.

ATIVIDADE

- Em sua opinião, o que motiva as invenções humanas?

_____
_____
_____

MÚSICA E INDÚSTRIA

O desenvolvimento do **disco de vinil** no final de 1940 marcou outro momento da história da música. Mais leves que os discos utilizados no gramofone, os discos de vinil permitem a gravação de vários áudios divididos em faixas. Sua popularização contribuiu decisivamente para o desenvolvimento de uma indústria da música, pois possibilitou a comercialização de discos em grande escala.

Outra invenção muito importante para a indústria e para a difusão da música em larga escala foi a gravação de áudio em fita magnética, tecnologia que se popularizou com a criação da **fita cassete**, em 1963. Você já viu uma fita dessas?

Com o surgimento do *compact disc* (o CD), no início da década de 1980, a música entrou na chamada *era digital*. A criação da tecnologia do CD representou um grande avanço, pois com ele foi possível ampliar o tempo de gravação. Atualmente, em um CD podem-se gravar até 80 minutos.

Com o passar do tempo, os CDs foram sendo substituídos por diversos aparelhos que armazenam músicas. Embora pequenos, muitos desses aparelhos armazenam até milhares de músicas. E os avanços não pararam por aí. Na atualidade, a relação com o armazenamento e com o consumo de música mudou. Hoje, é possível ouvir qualquer música no momento em que você desejar, desde que esteja conectado à internet.

Mesmo com o desenvolvimento de novas tecnologias, muitos artistas ainda lançam álbuns gravados em discos de vinil. O cantor e compositor Criolo, por exemplo, lançou em 2017 o álbum *Espiral de ilusão* em vinil.

A fita cassete consiste em um rolo de fita magnética alojado em uma caixa de plástico. Os sons são gravados nessa fita.

O *notebook* é um dos aparelhos em que é possível armazenar e reproduzir músicas.

O CD é produzido com acrílico.

ATIVIDADE PRÁTICA

- Com a orientação do professor, forme um grupo com cinco colegas. Elaborem uma lista das músicas que vocês mais gostam de ouvir. Depois, utilizem um programa de computador ou um aplicativo para celular para montar uma *playlist* com essas músicas. Na data agendada pelo professor, comente com os colegas de turma que músicas vocês escolheram para a *playlist* e ouça quais são as que compõem as *playlists* deles.

Quando as obras artísticas se tornam bens de consumo

Em meados do século XX, os filósofos alemães Max Horkheimer (1895-1973) e Theodor Adorno (1903-1969), ao observar e estudar os efeitos da industrialização e da produção em larga escala na arte e na cultura, criaram o conceito de **indústria cultural**.

Segundo os estudos desses filósofos, ao seguir a lógica capitalista, as produções artísticas transformaram-se em bens que podem ser adquiridos por um valor monetário, promovendo o lucro dos empresários que as fornecem. Esses bens são produzidos em série e em larga escala, visando atingir um amplo público consumidor.

O desenvolvimento da indústria cultural ampliou o mercado de trabalho para os artistas e facilitou o acesso da população a suas produções. Para atingir o maior número de pessoas (consumidores), entretanto, as produções da indústria cultural são padronizadas como qualquer outro produto industrializado.

Capitalismo: sistema econômico no qual os meios de produção são de propriedade privada e têm como objetivo fundamental a obtenção de lucro.

Fila de pessoas aguardando para entrar em evento musical realizado em São Paulo (SP), 2017.

A consolidação do ideal capitalista de produção artística ocorreu em meados do século XX, com a popularização dos jornais, do cinema, do rádio e da televisão, meios fundamentais para a difusão dos produtos da indústria cultural. Esses meios de comunicação são considerados **veículos de comunicação de massa**, pois atingem um grande público e, assim, difundem produtos e ideias.

A cultura de massa

Ao servir de meio de divulgação dos produtos da indústria cultural, os veículos de comunicação colaboram para a difusão da **cultura de massa**, termo utilizado para designar a produção destinada ao grande público.

Muitas vezes, são divulgados produtos sem considerar a heterogeneidade do público. Em razão disso, os veículos de comunicação de massa colaboram com a homogeneização do gosto popular, contribuindo para a alienação da população. Na segunda metade do século XX, diversos artistas visuais passaram a produzir obras nas quais criticavam o consumismo excessivo. Esses artistas serão abordados na Unidade 2.

Charge de Duke sobre os meios de comunicação, publicada no jornal *O Tempo*, em 2010.

Tirinha da personagem Garfield, de Jim Davis, 2006.

1. Reúna-se com um colega. Discutam o significado das palavras *heterogeneidade*, *homogeneização* e *alienação* no texto desta página. Depois da discussão, registrem suas conclusões no caderno e apresentem-nas aos demais colegas.
2. Como podemos relacionar a charge reproduzida nesta página com a pergunta anterior?
3. Qual é sua opinião a respeito do tema abordado na charge?
4. Sobre a tirinha da personagem Garfield reproduzida nesta página, responda no caderno:
    a) Qual é a ideia central apresentada?
    b) Qual é sua opinião a respeito do tema abordado?

A MÚSICA CONCRETA

A possibilidade de registrar sons promoveu uma série de inovações na música. Uma dessas inovações foi a **música concreta**, conceito musical que surgiu no final da década de 1940 e que se caracteriza pela criação de peças musicais baseada na gravação e na manipulação de sons existentes, como o de rolhas saindo de garrafas e os produzidos por trens em movimento. Para isso, os músicos concretistas utilizavam a gravação em fitas magnéticas como as que vimos anteriormente.

Os sons gravados eram utilizados de diversas formas. Os concretistas, por exemplo, conseguiam remover ou realocar trechos nas fitas, tocar trechos com velocidade mais rápida ou mais lenta, tornando os sons mais graves ou mais agudos, e até mesmo tocar fitas ao contrário. Essas manipulações eram feitas em estúdios, como o retratado na foto a seguir.

O compositor francês Pierre Henry em estúdio musical. Foto da década de 1950.

Os pioneiros da música concreta foram Pierre Schaeffer (1910-1995) e Pierre Henry (1927-2017). Na década de 1950, Schaeffer e Henry lançaram *Sinfonia para um homem só*, uma das composições mais importantes da música concreta. Essa música consiste na gravação de sons emitidos por diversas pessoas.

O músico Pierre Schaeffer. Foto de 1961.

Pierre Henry, em Paris, França, em 2008.

HERMETO PASCOAL

No Brasil, um músico influenciado pela música concreta é Hermeto Pascoal. Veja, a seguir, uma foto desse músico e responda: você reconhece o instrumento musical que ele está tocando? Comente com os colegas.

Hermeto Pascoal se apresenta em Nova York, Estados Unidos, em 2010.

Nascido em Lagoa da Canoa (AL), Hermeto é um dos mais reconhecidos músicos brasileiros. É **multi-instrumentista** (toca diversos instrumentos musicais) e **arranjador**, profissional que define como uma música será "distribuída" entre os diferentes instrumentos – como cada um deles participará na execução dessa música.

Além de tocar instrumentos convencionais, como acordeão, flauta e violão, Hermeto cria instrumentos utilizando materiais inusitados, como chaleiras e canos. Na foto desta página, por exemplo, o músico está tocando um instrumento produzido com uma chaleira. Ouça, na faixa 16 do CD, a gravação original de uma música em que Hermeto utiliza instrumentos não convencionais, como o retratado na foto desta página.

Para criar suas composições, Hermeto também capta sons do cotidiano e os transforma em música. Ouça, por exemplo, uma gravação original da música "Quando as aves se encontram nasce o som", na faixa 17 do CD.

- Você identifica os sons que foram utilizados pelo artista nessa música? Qual é a relação desses sons com o título da música?

51

"APROVEITEM BASTANTE"

Em 2008, Hermeto Pascoal escreveu um bilhete em que autoriza que qualquer músico no Brasil ou no mundo grave suas músicas. Esse bilhete ainda hoje está disponível no *site* oficial do músico. Veja, a seguir, a reprodução dele.

Reprodução do bilhete escrito por Hermeto Pascoal em 2008.

Transcrição do bilhete de Hermeto Pascoal

"Eu Hermeto Pascoal declaro que a partir desta data libero, para os músicos do Brasil, e do mundo, as gravações em CD de todas as minhas músicas que constam na discografia deste *site*. Aproveitem bastante.

Hermeto Pascoal

Curitiba, 17 do 11 de 2008

Testemunha: Aline Morena"

Ao tomar essa atitude, Hermeto abre mão de parte dos **direitos autorais** sobre suas criações. Os direitos autorais são o conjunto de leis que garantem aos autores a posse de suas obras.

No Brasil, há leis de proteção ao autor desde o início do século XIX. Os direitos autorais, regulamentados em 1998, são classificados atualmente como **morais** e **patrimoniais**. São exemplos de direitos **morais**: exigir a autoria da obra, ter o nome anunciado na utilização da obra, modificar a obra a qualquer momento e mantê-la inédita. São exemplos de direitos **patrimoniais**: comercializar a obra, autorizar seu uso, tradução ou reprodução, de forma integral ou parcial, e realizar ou autorizar qualquer modificação na obra.

Na área musical, no caso de uma canção, a legislação reconhece os direitos morais e patrimoniais dos autores da letra (autor) e da música (compositor). Cabe ao autor ou ao compositor autorizar a reprodução e até mesmo a criação de uma versão, isto é, uma nova obra derivada de sua obra original. Quem faz a versão de uma música é chamado **autor-versionista**.

No Brasil, alguns músicos fazem versões de canções estrangeiras. Por exemplo, o cantor e compositor Lulu Santos fez uma versão de "Here comes the sun", de George Harrison (1943-2001), gravada pela banda Os Beatles, que conhecemos no Tema 1. O título dessa versão é "Lá vem o sol".

O cantor e compositor Lulu Santos em *show* na cidade de São Paulo (SP), em 2018.

Pioneira na luta pelos direitos autorais

Ao longo da história, diversas mulheres desafiaram a ordem vigente nas sociedades em que viviam. Por meio de suas conquistas pessoais, elas promoveram reflexões sobre a submissão ao gênero masculino imposta às mulheres. Um exemplo é o da compositora e regente Chiquinha Gonzaga (1847-1935). Nascida no período escravocrata, filha de uma negra e de um militar branco, ela representou a luta pela igualdade de direitos em uma época em que as mulheres eram submissas aos pais e aos maridos. Ela abandonou um casamento arranjado para dedicar-se à música. Compôs dezenas de partituras para peças teatrais e centenas de músicas dos mais variados gêneros.

Além de sua luta pela igualdade de gêneros, Chiquinha Gonzaga destacou-se também por ter sido pioneira na luta pelos direitos autorais no Brasil. Em 1917, ela fundou a Sociedade Brasileira de Autores Teatrais (SBAT), a primeira entidade criada para proteger os direitos autorais no Brasil. Nessa época, suas canções faziam sucesso, sobretudo no teatro musicado, e Chiquinha percebeu que seria justo receber, como autora, parte da arrecadação da bilheteria de um espetáculo em que suas músicas fossem executadas.

Chiquinha Gonzaga. Foto de c. 1877.

OUTRAS EXPERIÊNCIAS

A poesia concreta

A **poesia concreta** foi criada por alguns poetas que se opunham às formas utilizadas nos poemas tradicionais, por considerá-las rígidas e ultrapassadas. Esses poetas romperam com os modelos tradicionais e passaram a utilizar em suas obras recursos como a organização não linear das palavras na página, espaços em branco e elementos visuais e sonoros.

No Brasil, os principais poetas a se dedicar à poesia concreta foram Décio Pignatari (1927-2012) e os irmãos Haroldo de Campos (1929-2003) e Augusto de Campos.

Na poesia concreta, para criar efeitos de sentido e comunicar ideias, combinam-se o uso das palavras e sua disposição na página. Observe essas características no poema "Ver navios", de Haroldo de Campos, reproduzido a seguir. Nesse poema, as palavras formam uma seta, dando a impressão de movimento. Os verbos utilizados ("vem", "vai", "vir") também sugerem a ideia de movimento.

Veja no vídeo ao lado a influência do concretismo na cena literária brasileira.

O concretismo na literatura

Nesse vídeo, você vai conhecer os poetas que fizeram parte dos movimentos concretista e neoconcretista brasileiros. Disponível em <http://mod.lk/aa9u1t3>.

Efeito de sentido: consequência ou resultado do uso proposital de recursos linguísticos e visuais com o objetivo de construir um ou mais significados.

```
vem navio
vai navio
vir navio
ver navio
  ver não ver
   vir não vir
    vir não ver
     ver não vir
      ver navios
```

CAMPOS, Haroldo. Ver navios. Em: *Xadrez de estrelas*.
São Paulo: Perspectiva, 1976.

- Com a orientação do professor, reúna-se com um colega. Após a leitura do poema "Ver navios", de Haroldo de Campos, respondam: qual seria o sentido da expressão "ver navios" no final do poema?

_____
_____
_____

Arnaldo Antunes e a poesia concreta

Um dos artistas brasileiros influenciados pelo Concretismo foi Arnaldo Antunes. Poeta, músico e artista visual, Arnaldo Antunes produz músicas, poemas e outras criações artísticas que exploram a visualidade das palavras. Em suas obras, o artista usa diferentes tipos e cores de letra e os dispõe de maneira inusitada para transmitir um conteúdo poético.

Leia, a seguir, o poema "Luz", de Arnaldo Antunes.

Arnaldo Antunes. Foto de 2017.

luz
na luz
não é nada

só sombra
é nada
luz na luz
na luz
não é nada

só sombra
é nada
luz na luz
na luz
não é nada

só sombra
é nada
luz **na luz**
na luz
não é nada

só sombra
é nada
na luz

ANTUNES, Arnaldo. Luz. Em: ANTUNES, Arnaldo. *Psia*. 4. ed. São Paulo: Iluminuras, 1998.

- Além de "brincar" com a disposição das palavras, que recurso visual Arnaldo Antunes utilizou na composição do poema "Luz"?

A MÚSICA ELETROACÚSTICA

Com o tempo, os procedimentos de geração e manipulação de sons gravados oriundos da música concreta levaram à criação da **música eletroacústica**.

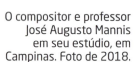

As músicas eletroacústicas são compostas de sons gravados, sintetizados e, posteriormente, combinados e transformados por meio de equipamentos de áudio e programas de computador. Ouça, na faixa 18 do CD, um trecho de uma música eletroacústica produzida pelo compositor e professor José Augusto Mannis. Depois, tente identificar os diferentes sons que compõem essa música.

O compositor e professor José Augusto Mannis em seu estúdio, em Campinas. Foto de 2018.

A música eletroacústica é composta em estúdio e não utiliza partitura convencional. Em uma apresentação de música eletroacústica, não há músicos no palco. Nesses concertos, o teatro é cercado de caixas acústicas e, em cada uma delas, é possível ouvir um som diferente. O objetivo é levar os ouvintes a perceber os sons espalhados pelo teatro, estando imersos em um novo espaço sonoro e musical.

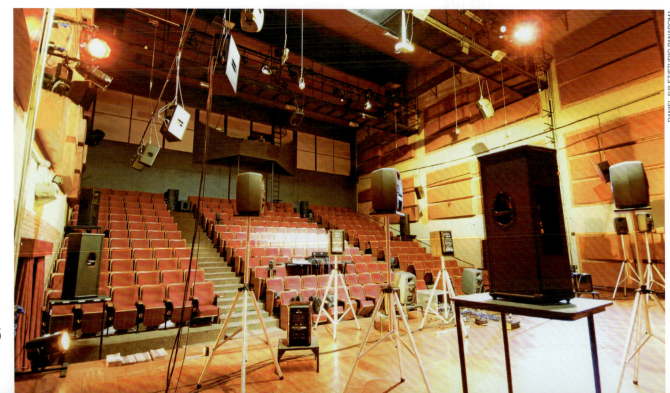

Orquestra de alto-falantes do Studio PANaroma de Música Eletroacústica da Universidade Estadual Paulista "Júlio de Mesquita Filho" (Unesp), 2014. Direção musical de Flo Menezes.

A MÚSICA ELETRÔNICA

Anteriormente nesta Unidade você conheceu a música concreta. Mas você sabe o que é **música eletrônica**?

Em meados do século XX, um compositor que se destacou na época foi o alemão Karlheinz Stockhausen (1928-2007). Sua preocupação era criar música eletrônica "pura", que partisse diretamente de recursos eletrônicos, com sons gerados eletronicamente.

Por volta da década de 1960, a música eletrônica passou a receber críticas, pois seus sons eram considerados artificiais e incapazes de reproduzir as sutilezas expressivas dos instrumentos acústicos.

Começaram a surgir, então, nesse momento, composições musicais mistas, que combinavam sons eletrônicos e sons acústicos. Até mesmo o músico Karlheinz Stockhausen compôs várias peças desse tipo, entre elas a famosa "Gesang der Jünglinge" (Canto dos adolescentes), criada entre 1955-1956, na qual o compositor usou a gravação da voz de um menino e materiais gerados eletronicamente.

Passado o entusiasmo inicial pela música gravada, alguns compositores começaram a se interessar por um novo tipo de música eletrônica, na qual os equipamentos musicais eletrônicos eram apresentados em *performances* ao vivo, muitas vezes acompanhados por instrumentos acústicos convencionais. O compositor estadunidense John Cage (1912-1992) foi um dos principais nomes desse tipo de composição.

Genericamente, todas essas vertentes podem ser consideradas "música eletrônica", pois envolvem o uso de recursos eletrônicos em sua produção e em sua audição. Entretanto, a expressão *música eletrônica* é empregada mais frequentemente para as músicas cujos sons são produzidos (e não apenas manipulados) eletronicamente.

Karlheinz Stockhausen em foto de 2002.

John Cage em Saint-Paul de Vence, França, em 1966. Cage é considerado um dos mais importantes e revolucionários músicos do século XX.

A MÚSICA *POP* ELETRÔNICA

A música eletrônica possibilitou, também, trocas de experiências e diversas parcerias entre músicos da música erudita e da música popular. Recursos eletrônicos foram incorporados, por exemplo, ao *rock* e ao *jazz* nos anos 1960 e 1970 e, nas décadas seguintes, surgiram gêneros específicos de música *pop* eletrônica. Visando principalmente o público das danceterias, essa música se caracterizava pela presença de uma batida bem marcante e repetitiva e, ainda hoje, é bastante difundida em alguns locais.

Outras vertentes da música *pop* eletrônica podem ser encontradas, por exemplo, nas músicas feitas para jogos eletrônicos e nas músicas compostas por DJs, cujas criações partem de músicas já gravadas por outros músicos como matéria-prima para suas montagens e mixagens.

 Ouça uma música criada pelo DJ Caio Moura na faixa 19 do CD.

O DJ Caio Moura se apresenta em São José dos Campos (SP), em 2017.

É importante lembrar ainda que, tanto na música erudita quanto na música popular, na atualidade os recursos eletrônicos se converteram em recursos digitais.

- Com a orientação do professor, pesquise na internet alguma música *pop* eletrônica (música *techno*, música de jogos, de DJs). Traga para a sala de aula o resultado da sua pesquisa na data agendada pelo professor e compartilhe-o com os colegas. Ouça também o que os colegas têm a dizer da pesquisa deles.

O ARTISTA E SUA OBRA

DJ Caio Moura

DJ Caio Moura toca em evento em Campinas (SP), em 2018.

A seguir você vai ler uma entrevista com o DJ Caio Moura, concedida especialmente para esta Coleção.

"*Entrevistador:* Caio, como surgiu seu interesse em ser DJ?

Caio Moura: Eu toco violão desde os 12 anos de idade, tive uma banda nessa época também. Meu pai já deu aulas de música no passado e me ajudou muito nessa fase inicial de musicalização. Sempre me atraiu a ideia de expressar ideias através de sons e, a partir dos 18 anos, comecei a me envolver com a música eletrônica e com o mundo do Psytrance. Desde então, venho pesquisando a fundo técnicas de mixagem digital [...].

Entrevistador: Como o DJ prepara as músicas que irá tocar?

Caio Moura: Cada DJ tem sua própria metodologia. Existem DJs que tocam qualquer tipo de música, assim como existem aqueles que levam uma tracklist pronta com o gênero que ele escolheu, num conceito bem fechado e definido. Isso vai de acordo com o objetivo do DJ em sua apresentação. Na configuração tradicional, sempre existem 3 elementos essenciais que o DJ irá utilizar: 2 CDJs ou 2 picapes de vinil (interfaces onde as músicas tocam), 1 mixer ou 1 mesa de som com no mínimo 2 canais (interface onde o DJ irá mesclar as duas músicas que estão tocando em 2 ou mais canais de áudio) e 1 fone de ouvido (para ouvir isoladamente cada canal, sem que o público ouça o trabalho de sincronização das faixas).

Entrevistador: O que é um set de música eletrônica?

Caio Moura: Um set é a compilação da seleção de músicas que o DJ vai apresentar, na sequência que ele determinou. O DJ set tradicional de música eletrônica é o resultado da capacidade do DJ de fazer as transições de uma música para outra sem perder a narrativa sonora a qual ele se propôs. Obviamente isso é muito subjetivo e a maioria das pessoas não percebe a transição, mas quando o DJ erra o compasso ou entrada (ou 'samba', como é o jargão) fica perceptível para todos.

Entrevistador: Que sugestões você daria para alguém que quer se tornar DJ?

Caio Moura: Estudar teoria musical, mais especificamente 'harmonia e rítmica'. Leitura de partitura não é necessária, mas é um diferencial para produzir e para mesclar faixas com a mesma tonalidade. Brincar com os programas de computador específicos para testar as habilidades, buscar tutoriais na internet. E mais importante de tudo: ouvir. Ouvir uma música e identificar padrões, maneiras de expressão, início de uma frase nova, emoções diferentes numa mesma canção. Treinar o ouvido desde cedo é essencial, porque o público é bem exigente e identifica quando o DJ não está fazendo seu trabalho direito. E, acredite se quiser, ouvir duas músicas ao mesmo tempo e sincronizá-las não é uma tarefa tão fácil quanto parece."

Entrevista realizada em agosto de 2018.

MÚSICA E PESQUISA

Na atualidade, muitos artistas têm pesquisado o potencial sonoro de diferentes materiais e, com eles, criado instrumentos musicais, esculturas e instalações sonoras. É o caso de Fernando Sardo, músico, artista visual e professor retratado na foto ao lado.

Observe que os instrumentos retratados nessa foto foram construídos com materiais descartados, como cabaças e pedaços de madeira, plástico e metal. O artista Fernando Sardo também desenvolve instrumentos nos quais reúne elementos de diferentes culturas, como a indígena, a africana e a indiana. Na foto, por exemplo, Fernando toca uma citarola, instrumento criado por ele por meio da fusão entre um *sitar* (instrumento de cordas de origem indiana) e uma viola caipira.

O artista Fernando Sardo e alguns dos instrumentos que ele criou com base em suas pesquisas. Foto de 2015.

Outro instrumento criado por Fernando Sardo é a flautasorante, na qual utilizou tubos de PVC e embalagens de desodorante vazias. Observe, ao lado, uma foto desse instrumento e ouça, na faixa 20 do CD, uma música de Fernando Sardo em que ele utiliza esse instrumento.

Flautasorante construída pelo artista Fernando Sardo. Observe o instrumento feito com tubos de PVC e de desodorante. É um instrumento de sopro que produz som ao apertar-se o tubo de desodorante.

ATIVIDADE

- Em sua opinião, é possível relacionar os trabalhos dos artistas Fernando Sardo e Hermeto Pascoal? Comente com os colegas.

O GRUPO UAKTI

Outro grupo que se dedicou à pesquisa da sonoridade de diferentes materiais foi o Uakti. Formado por quatro músicos, o Uakti foi fundado em 1978, permaneceu em atividade até 2015 e é conhecido pela criação de instrumentos musicais com madeira, pedra, vidro e tubos de PVC.

As composições do Uakti combinam os sons de instrumentos tradicionais, como flauta e violão, com os dos instrumentos criados por seus integrantes.

Integrantes do grupo Uakti se apresentam em São Paulo (SP), em 2005.

Por que o nome Uakti?

A palavra *Uakti* tem origem indígena e deriva de uma lenda do povo Tukano, que vive às margens do Rio Negro, no Amazonas. De acordo com essa lenda, Uakti era um ser monstruoso que vivia nas proximidades da aldeia dos Tukano. Esse ser tinha buracos no corpo e por eles emitia sons mágicos, que seduziam as mulheres da aldeia. Enciumados, os homens, certo dia, mataram Uakti e o enterraram na floresta. No local onde o corpo de Uakti foi enterrado nasceram três grandes árvores. Os indígenas passaram a usar o caule dessas árvores para criar instrumentos musicais que, quando tocados, reavivam o som do Uakti.

ATIVIDADES PRÁTICAS

1. Com a orientação do professor, reúna-se com cinco colegas. Façam um passeio pela escola ouvindo os diferentes sons que compõem a paisagem sonora do local. Utilizando um gravador, captem os sons de que mais gostaram e discutam como eles podem se transformar em música. Em seguida, editem os sons escolhidos e os transformem em música. Deem um título à composição de vocês e, na data agendada pelo professor, apresentem o resultado aos demais colegas da classe.

2. Com materiais que podem ser encontrados na escola ou em casa, siga as orientações do professor para construir uma flauta de pã. Depois, você vai fazer experimentações com a flauta construída.

   Material:
   - Tubo de PVC (com aproximadamente 80 cm de comprimento)
   - Fita adesiva
   - Rolha de cortiça
   - Fita métrica

   Procedimentos:

   a) Siga as orientações do professor e conte com a ajuda dele no corte do tubo de PVC em quatro partes. Cada parte deverá ter, respectivamente, 20, 18, 16 e 15 centímetros.

   b) Tape uma das pontas das partes do tubo com fita adesiva ou rolha de cortiça.

   c) Alinhe dois tubos, mantendo as pontas abertas lado a lado, e una-os com a fita adesiva, pressionando bem.

   d) Acrescente os próximos tubos da mesma maneira, um por vez, mantendo o alinhamento.

Como tocar

Apoie o instrumento no queixo, em posição vertical, e sopre em um tubo, delicadamente, até encontrar a maneira correta de tocá-lo. Sopre nos outros tubos para produzir sons diferentes.

Comparar os sons obtidos

Em grupo, vocês podem comparar os sons de cada tubo, tentando perceber qual é a relação entre a altura (grave/agudo) e o tamanho do tubo. Podem também comparar os sons das várias flautas construídas, para ver se todas produzem os mesmos sons. Se não produzirem, conversem sobre os fatores envolvidos na construção dos instrumentos e sobre os modos de tocar que afetam, por exemplo, a afinação.

ORGANIZAR O CONHECIMENTO

1. Identifique cada uma das afirmativas a seguir como verdadeira (V) ou falsa (F).

    ( ) O cantor e compositor Cazuza foi vocalista da banda Paralamas do Sucesso até 1985, quando deu início à sua carreira solo. Mesmo após deixar a banda, Cazuza manteve sua parceria musical com Roberto Frejat, coautor de muitas de suas canções.
    Se você errou essa resposta, retome a leitura do tópico "O *rock* na década de 1980".

    ( ) Nascido em Alagoas, Hermeto Pascoal é um dos mais reconhecidos músicos brasileiros. É multi-instrumentista e arranjador. Além de tocar instrumentos convencionais como violão, acordeão e flauta, Hermeto cria instrumentos utilizando materiais não convencionais, como canos e chaleiras.
    Se você errou essa resposta, retome a leitura do tópico "Hermeto Pascoal".

    ( ) A bossa nova se consolidou no fim da década de 1950 e o samba e o *jazz* foram suas principais influências. As canções de bossa nova se caracterizam pelo andamento lento e pela presença do violão, e os cantores costumam interpretar as canções com voz muito "baixa", quase sussurrando.
    Se você errou essa resposta, retome a leitura do boxe "A bossa nova".

    ( ) Uma das inovações que surgiram com o registro de sons foi a música concreta. Ela se caracteriza pela criação de peças musicais que têm como base a gravação e a manipulação de sons que já existem, como o de uma caneta caindo no chão ou os produzidos por trens em movimento. Para fazer essas músicas, os músicos concretistas utilizavam a gravação em fitas magnéticas.
    Se você errou essa resposta, retome a leitura do tópico "A música concreta".

    ( ) A música eletroacústica é composta de sons gravados que, depois, são combinados e transformados com o uso de programas de computador. Em uma apresentação de música eletroacústica, vários músicos ficam no palco e vão compondo as músicas que que são reproduzidas pelas caixas acústicas espalhadas no local. Em cada uma delas, é possível ouvir um som diferente.
    Se você errou essa resposta, retome a leitura do tópico "A música eletroacústica".

2. Relacione os nomes a seguir com suas respectivas descrições.

    A) Pitty   **B)** Barão Vermelho   **C)** Titãs

    ( ) Essa banda foi criada em 1982 e gravou seu primeiro álbum em 1984. Ao longo dos anos, alguns de seus cantores e compositores, como Arnaldo Antunes e Nando Reis, saíram da banda e seguiram carreira solo. Atualmente, a banda é composta pelos seguintes músicos: Tony Bellotto na guitarra; Branco Mello no vocal e no baixo elétrico; Sérgio Britto no vocal, baixo elétrico e teclados; e Beto Lee na guitarra.
    Se você errou essa resposta, retome a leitura do tópico "O *rock* na década de 1980".

    ( ) Essa banda foi formada no Rio de Janeiro em 1981 e lançou os músicos Cazuza (1958-1990) e Roberto Frejat, principais compositores e intérpretes das canções desse grupo. As canções "Bete Balanço" e "Maior abandonado", por exemplo, dois de seus maiores sucessos, são de autoria da dupla. Em 2017, Roberto Frejat e o baixista Rodrigo Santos deixaram a banda.
    Se você errou essa resposta, retome a leitura do tópico "O *rock* na década de 1980".

    ( ) Ela nasceu em Salvador, na Bahia, é cantora, compositora e instrumentista. Entre suas principais influências estão o cantor e compositor brasileiro Raul Seixas e as bandas Metallica, Nirvana e Os Beatles. Fez parte de várias bandas de *rock* e foi baterista de uma delas. Lidera uma banda que leva seu nome e já lançou álbuns com diversas canções autorais. A canção "Admirável *chip* novo" faz parte do primeiro álbum da banda e é de sua autoria.
    Se você errou essa resposta, retome a leitura do tópico "Admirável *chip* novo".

63

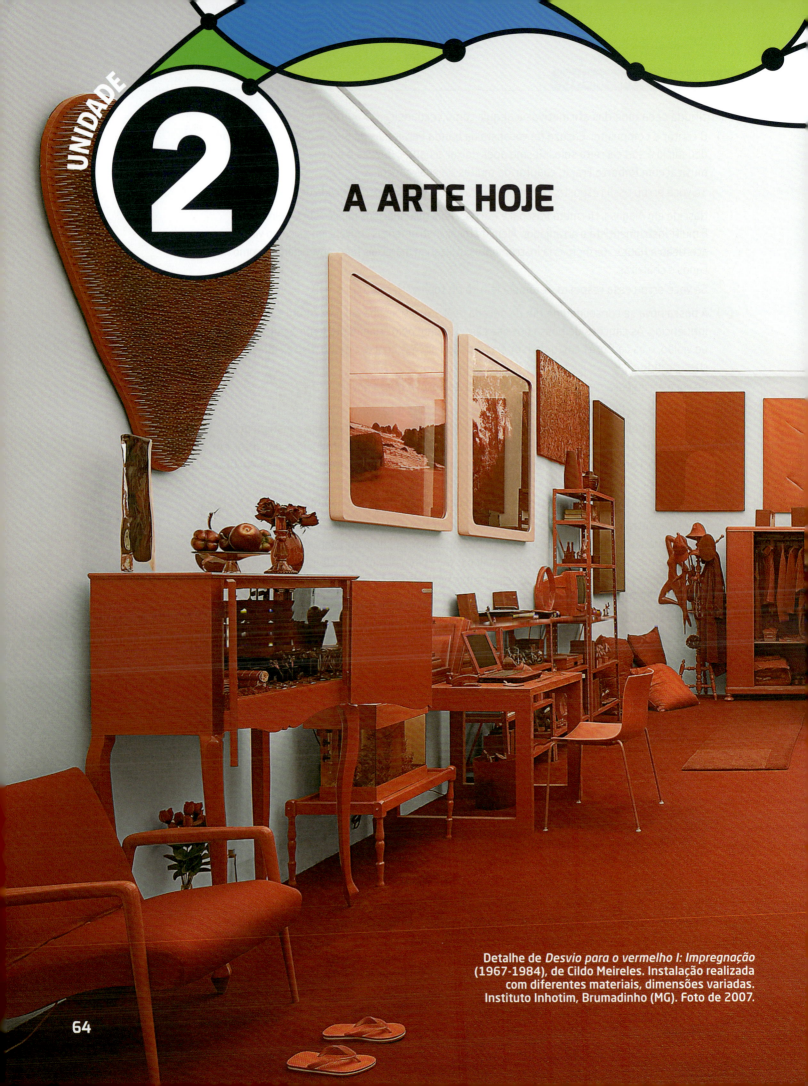

UNIDADE 2

A ARTE HOJE

Detalhe de *Desvio para o vermelho I: Impregnação* (1967-1984), de Cildo Meireles. Instalação realizada com diferentes materiais, dimensões variadas. Instituto Inhotim, Brumadinho (MG). Foto de 2007.

- **TEMA 1** ARTE, ESPAÇO E PARTICIPAÇÃO DO PÚBLICO
- **TEMA 2** A ARTE AO ALCANCE DE TODOS
- **TEMA 3** NOVOS RUMOS

DE OLHO NA IMAGEM

Detalhes da obra *Desvio para o vermelho I: Impregnação* (1967-1984), de Cildo Meireles. Instalação com diferentes materiais, dimensões variadas. Instituto Inhotim, Brumadinho (MG). Foto de 2007.

1. Observe a imagem da abertura da Unidade e as desta página. O que mais chamou sua atenção nessa obra do artista Cildo Meireles, retratada nas fotos?

2. No caderno, faça uma lista dos objetos que consegue reconhecer na obra de Cildo Meireles. Depois, sublinhe o nome dos objetos que você nunca havia visto na cor vermelha. Apresente sua lista aos colegas e veja a lista que eles fizeram.

3. Em sua opinião, por que o artista escolheu o vermelho para produzir essa obra?

4. Por que você acha que o artista Cildo Meireles usou a palavra *impregnação* no título que ele deu à obra?

5. Se você fosse criar uma obra de arte parecida com a obra retratada nas fotos, que cor ou cores você utilizaria para compor o trabalho. Por quê?

Cildo Meireles

Cildo Meireles é considerado um dos mais versáteis artistas brasileiros da atualidade. Nasceu no Rio de Janeiro (RJ), em 1948. Aos 10 anos mudou-se para Brasília (DF), onde, em 1963, iniciou seus estudos artísticos sob orientação do pintor e ceramista peruano Félix Alejandro Barrenechea (1921-2013).

O artista Cildo Meireles, em 2013.

Em 1967, Cildo Meireles retornou para o Rio de Janeiro (RJ), onde estudou por dois meses na Escola Nacional de Belas Artes (Enba) – atualmente conhecida como Escola de Belas Artes da Universidade Federal do Rio de Janeiro – e frequentou o ateliê de gravura do Museu de Arte Moderna do Rio de Janeiro (MAM-Rio). É a partir dessa época que Cildo Meireles passa a se dedicar à criação de obras que propõem uma experiência sensorial em espaços arquitetônicos. É o caso de *Desvio para o vermelho I: Impregnação*, retratada na abertura desta Unidade.

Meireles utiliza diferentes materiais para produzir suas obras. Para construir a instalação *Babel*, retratada ao lado, por exemplo, ele empilhou centenas de aparelhos de rádio.

Babel (2001), de Cildo Meireles. Instalação com aparelhos de rádio, 5 m de altura. Tate Modern, Londres, Reino Unido. Foto de 2014.

- Na instalação *Babel*, os aparelhos de rádio estão todos ligados e sintonizados em estações diferentes. Você consegue imaginar qual é o resultado sonoro dessa instalação? Como essa proposta se relaciona com o título escolhido por Cildo Meireles?

TEMA 1 — ARTE, ESPAÇO E PARTICIPAÇÃO DO PÚBLICO

UM ESPAÇO MONOCROMÁTICO

A obra reproduzida nas páginas da abertura da Unidade e da seção *De olho na imagem* não é uma pintura nem uma escultura. Para fazê-la, o artista Cildo Meireles selecionou diferentes objetos e os organizou em um espaço arquitetônico interno. A esse tipo de obra dá-se o nome de **instalação**.

Em *Desvio para o vermelho I: Impregnação*, o espectador é convidado a explorar o espaço criado pelo artista: um ambiente em que os objetos, ainda que com variações claras ou escuras, são todos vermelhos. Por essa razão, podemos afirmar que essa é uma obra **monocromática**. Note a variação cromática nos objetos retratados na foto reproduzida nesta página.

Concebida em 1967, montada em diferentes versões desde 1984 e exibida no Instituto Inhotim em caráter permanente desde 2006, a obra *Desvio para o vermelho* é formada por três ambientes articulados entre si. *Impregnação* é o primeiro deles.

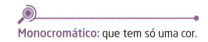
Monocromático: que tem só uma cor.

Detalhe de *Desvio para o vermelho I: Impregnação* (1967-1984), de Cildo Meireles. Instalação com diferentes materiais, dimensões variadas. Instituto Inhotim, Brumadinho (MG). Foto de 2007.

ATIVIDADE

- Você sabia que um espaço organizado ou construído por um artista pode ser considerado uma obra de arte? Registre sua resposta e justificativa a seguir e depois comente com o professor e os colegas.

_____

_____

IMPREGNAÇÃO

O primeiro ambiente de *Desvio para o vermelho I: Impregnação* – retratado em imagens nas páginas anteriores – coloca o espectador em contato com uma coleção de objetos e obras de arte em diferentes tons de vermelho. Os móveis, objetos e quadros preenchem quase todas as paredes, provocando um grande contraste.

Note que *Impregnação* é uma sala que tem um clima doméstico, mas todos os objetos são vermelhos ou de cores próximas ao vermelho. A sala é composta de ventiladores, *notebook*, estante, livros, cadeiras, máquina de escrever, mesas, quadros, plantas, aquário, entre outros.

Os móveis e os objetos estão organizados no sentido longitudinal para que possam ser mais bem observados pelos espectadores. Alguns objetos sugerem a presença humana na sala, como se realmente houvesse pessoas habitando o espaço, como roupas bagunçadas, máquina de escrever, animais domésticos (peixe e passarinho), plantas. Os quadros e objetos pendurados são utilizados para também preencher com excesso de vermelho as paredes claras.

Detalhes de *Desvio para o vermelho I: Impregnação* (1967-1984), de Cildo Meireles. Instalação com diferentes materiais, dimensões variadas. Instituto Inhotim, Brumadinho (MG). Foto de 2007.

ENTORNO E DESVIO

No ambiente *Impregnação* há apenas uma saída, no canto, que conduz a uma sala pouco iluminada, muito estreita e onde há uma garrafa "deitada" no chão. Esse ambiente chama-se *Entorno*. Nele, um líquido vermelho parece escorrer pelo gargalo da garrafa que repousa no chão, tornando-se uma superfície que recobre parte do piso. A impressão que se tem é de que a quantidade de líquido derramada é muito maior do que a quantidade que poderia caber dentro da garrafa. Além disso, a forma como o líquido e a garrafa estão dispostos parece contrariar as leis naturais da física, causando no espectador a sensação de estranhamento. Observe a foto reproduzida a seguir.

Detalhe de *Desvio para o vermelho II: Entorno* (1967-1984), de Cildo Meireles. Instalação com diferentes materiais, dimensões variadas. Instituto Inhotim, Brumadinho (MG). Foto de 2007.

O terceiro ambiente, *Desvio*, tem proporções semelhantes às do ambiente *Impregnação* e é uma sala escura em que há uma pia instalada em um ângulo inclinado.

Ao caminhar por essa sala, o espectador é surpreendido com o som de água que escorre por uma torneira. Uma nova sensação de estranhamento ocorre quando o espectador descobre que a água, na verdade, é um líquido também em tom vivo de vermelho. A inclinação da pia faz o líquido espalhar-se nela antes de descer pelo ralo.

Detalhe de *Desvio para o vermelho III: Desvio* (1967-1984), de Cildo Meireles. Instalação com diferentes materiais, dimensões variadas. Instituto Inhotim, Brumadinho (MG). Foto de 2007.

AS SENSAÇÕES DESPERTADAS PELAS CORES

A escolha das cores utilizadas ao realizar uma obra é um dos aspectos mais importantes quando um artista visual elabora sua criação. Em *Desvio para o vermelho*, por exemplo, Cildo Meireles possivelmente escolheu o vermelho por ser uma cor que provoca no espectador a sensação de impacto e energia.

Observe a pintura do artista Henri Matisse (1869- -1954) reproduzida a seguir e note que, assim como na obra de Cildo Meireles que conhecemos nas páginas anteriores, ele também escolheu o vermelho como cor predominante da composição.

O autor de *O ateliê vermelho* é Henri Matisse, artista que integrava um grupo importante de pintores que ficou conhecido como **fauvista**. A palavra *fauve* tem origem no francês e significa "fera" em português. Esses artistas foram chamados de fauvistas por utilizarem as cores de forma livre, com pinceladas largas, para obter efeitos mais expressivos com formas simplificadas.

O ateliê vermelho (1911), de Henri Matisse. Óleo sobre tela, 181,0 cm × 219,1 cm. Museu de Arte Moderna de Nova York (MoMA), Nova York, Estados Unidos.

ATIVIDADE

- Relacione a obra de Henri Matisse reproduzida nesta página com a instalação *Desvio para o vermelho I: Impregnação*, de Cildo Meireles, apresentada no início desta Unidade. Destaque as semelhanças e as diferenças que há entre elas.

_____
_____
_____

UM CONVITE À EXPERIMENTAÇÃO

Nas páginas anteriores você conheceu *Desvio para o vermelho* e descobriu que essa obra é uma instalação. A técnica da instalação é uma das mais utilizadas pelos artistas contemporâneos. No Brasil, um dos primeiros artistas a se dedicar à criação de instalações foi **Hélio Oiticica** (1937-1980).

A obra mostrada na foto nesta página chama-se *Tropicália* e foi exposta pela primeira vez em 1967. Essa instalação é uma espécie de labirinto que deve ser percorrido pelo público. Ao entrar nesse labirinto, o espectador se defronta com araras, bananeiras e areia, entre outros elementos.

Tropicália (1967), de Hélio Oiticica. Instalação com diversos materiais, dimensões variadas. Projeto Hélio Oiticica, Rio de Janeiro (RJ).

O caráter experimental e inovador das obras produzidas por Hélio Oiticica as aproximou das composições dos músicos que estiveram à frente do movimento tropicalista. O título que o compositor Caetano Veloso atribuiu à canção reproduzida na Unidade anterior, por exemplo, é uma referência à instalação de Oiticica reproduzida na foto desta página. Mais tarde, a palavra *tropicália* daria nome ao próprio movimento.

PARA ACESSAR

- **Projeto Hélio Oiticica.** Disponível em: <http://www.heliooiticica.org.br/home/home.php>. Acesso em: 12 set. 2018.

  O Projeto, uma associação sem fins lucrativos, foi criado com o objetivo de guardar, preservar, estudar e difundir a obra de Hélio Oiticica. No *site*, você poderá ler a biografia do artista e ver imagens de obras dele.

PARA ASSISTIR

- **Tropicália.** Disponível em: <http://tvbrasil.ebc.com.br/interprogramas/2017/11/posicao-estetica-diante-das-coisas-diz-helio-oiticica-sobre-tropicalia>. Acesso em: 12 set. 2018.

  Vídeo sobre a instalação *Tropicália*, de Hélio Oiticica.

- **Obra de Hélio Oiticica é exposta novamente após 47 anos.** Disponível em: <https://globoplay.globo.com/v/6733235/>. Acesso em: 12 set. 2018.

  Reportagem sobre a obra *Rhodislândia*, de Hélio Oiticica, que voltou a ser exposta ao público, sendo que dessa vez com intervenções de quatro artistas.

O NEOCONCRETISMO

Hélio Oiticica revolucionou a arte brasileira ao produzir obras que, assim como *Tropicália*, convidam à interação, ou seja, à participação do espectador. Oiticica fez parte do **Neoconcretismo**, considerado um dos mais importantes e significativos movimentos artísticos brasileiros. Outros artistas que integraram esse movimento foram Amilcar de Castro (1920-2002), Franz Weissmann (1911-2005), Lygia Pape (1927-2004) e Lygia Clark (1920-1988).

Os artistas integrantes do Neoconcretismo brasileiro propuseram o resgate da produção de obras mais subjetivas e expressivas e a aproximação com o público. Em seus trabalhos, é possível observar a busca pela renovação da linguagem geométrica.

Nas obras reproduzidas nesta página, por exemplo, o artista Hélio Oiticica trabalhou com as cores e as formas geométricas no espaço, a fim de aproximar a obra do espectador.

Invenção da cor, Penetrável Magic Square 5, De Luxe (1977), de Hélio Oiticica. Instalação ao ar livre, com dimensões variadas. Instituto Inhotim, Brumadinho (MG). Foto de 2010.

Grande núcleo (1960), de Hélio Oiticica. Madeira recortada e pintada, 670 cm × 975 cm. Projeto Hélio Oiticica, Rio de Janeiro (RJ).

LYGIA CLARK E A SÉRIE *BICHOS*

Observe a foto reproduzida a seguir.

Visitantes da exposição *O abandono da arte* manuseiam réplicas de obras da série *Bichos*, de Lygia Clark, no Museu de Arte Moderna de Nova York (MoMA), Estados Unidos, em 2014.

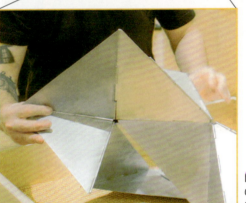

Detalhe de réplica de obra da série *Bichos*. Observe as articulações da peça.

Os objetos que são manuseados por pessoas na foto acima são réplicas de obras da série *Bichos*, da artista Lygia Clark. Criada em 1960, a série *Bichos* é composta de um conjunto de esculturas metálicas de formas geométricas que se articulam por meio de dobradiças. Veja o detalhe acima.

Na série *Bichos*, o espectador é "convidado" a experimentar as diferentes formas que as peças podem adquirir por meio do manuseio. A forma final da obra, dessa maneira, é "decidida" por quem a manuseia. Portanto, cada espectador determina uma forma distinta para ela. Muitas produções de Lygia Clark apresentam esta característica: só se completam com a intervenção direta do público. Veja, na foto ao lado, Lygia Clark manuseando uma das obras originais criadas para a série *Bichos*.

A artista Lygia Clark manuseia uma das obras da série *Bichos*. Foto de 1969.

AS INFLUÊNCIAS DE LYGIA CLARK NA OBRA DE MAREPE

A produção artística de Lygia Clark representa um marco na arte brasileira e influencia muitos artistas, como Marcos Reis Peixoto, conhecido como Marepe.

Marepe é um artista brasileiro reconhecido no Brasil e no exterior. Ele já expôs obras em alguns dos mais importantes museus de arte do mundo, como o Museu de Arte de São Paulo Assis Chateaubriand (Masp), em São Paulo (SP), o Centro Georges Pompidou, em Paris, na França, e a Tate Modern, em Londres, no Reino Unido. Em 2003, Marepe expôs uma de suas obras na Bienal de Veneza, na Itália.

Veja a seguir uma reprodução da obra de Marepe chamada *Embutidinho recôncavo*, a representação de uma casa multifuncional. Assim como nas obras da série *Bichos*, de Lygia Clark, o espectador é convidado a modificar a casa, atribuindo-lhe novos formatos, por meio do manuseio das dobradiças de metal que unem as placas de madeira. O título da obra faz referência a Santo Antônio de Jesus, cidade de origem de Marepe, localizada em uma região do estado da Bahia conhecida como Recôncavo Baiano.

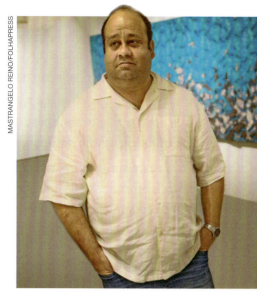

O artista Marepe, em São Paulo, em 2017.

Embutidinho recôncavo (2003), de Marepe. Escultura de madeira, com rodas e ralo metálicos e dobradiças, 65 × 65 × 65 cm (quando fechada). Coleção particular.

O USO DA TECNOLOGIA NA ARTE

Com o desenvolvimento tecnológico, muitos artistas contemporâneos passaram a incorporar novos materiais e técnicas a suas criações artísticas. Um exemplo disso é a instalação mostrada na foto desta página.

Para produzir a instalação *Ainda estão vivos*, Paulo Waisberg empilhou, no canto de uma sala, uma série de monitores de computador que seriam descartados. Alguns dos equipamentos utilizados estão desligados – provavelmente avariados.

Os monitores que estão ligados são utilizados para agregar uma característica essencial à obra: a reprodução da imagem de um olho humano aberto enviada por computador. A utilização de recursos tecnológicos é cada vez mais comum em obras de artistas contemporâneos.

Observe atentamente a imagem e responda às questões propostas.

Ainda estão vivos (2012), de Paulo Waisberg. Instalação com monitores de computador e lâmpadas LED, dimensões variadas. Continuum - III Festival de Arte e Tecnologia do Recife (PE).

ATIVIDADES

1. Por que a obra *Ainda estão vivos* é classificada como uma instalação?

2. Qual é o principal material utilizado nessa obra?

3. Todos os monitores utilizados estão avariados?

4. Nessa obra, utilizou-se algum recurso tecnológico?

5. Em sua opinião, como a obra se relaciona com o título?

COMPREENDER UM TEXTO

Geração anual de lixo eletrônico passa de 40 milhões de toneladas

"Em 2016, o mundo gerou 44,7 milhões de toneladas de lixo eletrônico, 3,3 milhões de toneladas (8%) a mais do que em 2014. O montante equivale ao peso de quase 4.500 torres Eiffel.

A parte indigesta é que apenas 20% – ou 8,9 milhões de toneladas – do montante descartado foi reciclado. Se continuarmos nesse ritmo, a produção de 'sucata pós-moderna' pode chegar a 52,2 milhões de toneladas em 2021.

Lixo eletrônico representa alto risco para o meio ambiente se descartado em local impróprio em vez de ser reciclado.

[...]

Computadores, celulares e outros [aparelhos] descartados como lixo são ricos depósitos de ouro, prata, cobre, platina, entre outros materiais de valor.

O estudo da ONU [Organização das Nações Unidas] estima que todo o lixo eletrônico gerado em 2016 poderia gerar US$ 55 bilhões em valor de materiais reaproveitáveis.

Ao invés de serem reciclados, esses materiais acabam em lixões e aterros. Resíduos eletrônicos representam um risco alto e crescente para o meio ambiente e a saúde humana. [...]

Devido à composição heterogênea desses materiais, reciclá-los com segurança é complexo, caro e exige pessoal capacitado. Na maior parte do tempo, como mostra o estudo da ONU, não é isso o que ocorre. Através de processos de reciclagem informais, metais pesados, como o chumbo, são frequentemente liberados no meio ambiente.

Avanços ocorrem, mas a passos lentos. O estudo chama atenção para o avanço nas legislações sobre resíduos eletrônicos. Atualmente, 67 países têm regulação nesse sentido, 44% a mais que em 2014. Mas leis sozinhas não dão conta do desafio, é preciso fiscalizar a cadeia de produção e descarte, além de estimular a reciclagem adequada desses materiais. E, claro, também cabe a nós, consumidores, realizarmos compras mais conscientes e descarte adequado."

BARBOSA, Vanessa. Geração anual de lixo eletrônico passa de 40 milhões de toneladas. Revista *Exame*. 13 fev. 2018. Disponível em: <https://exame.abril.com.br/mundo/geracao-anual-de-lixo-eletronico-passa-de-40-milhoes-de-toneladas/>. Acesso em: 26 jul. 2018.

QUESTÕES

1. Que problema ambiental é abordado no texto?

2. Em sua opinião, de que forma obras como *Ainda estão vivos*, de Paul Waisberg, pode contribuir para o enfrentamento do problema apresentado pelo texto?

Arte e meio ambiente

A preservação da natureza é essencial à manutenção da vida. Por essa razão, vários artistas utilizam diferentes suportes e técnicas para produzir obras nas quais denunciam problemas ambientais, a fim de contribuir para a mudança de atitude das pessoas em relação ao meio ambiente. Esse é o caso da obra *Ainda estão vivos*, de Paulo Waisberg, que conhecemos nas páginas anteriores.

Assim como Paulo Waisberg, outros artistas utilizam objetos descartados para produzir obras artísticas. Observe, por exemplo, as obras reproduzidas a seguir. Elas foram feitas pelo artista alemão HA Schult, uma referência internacional na produção de obras de arte com materiais descartados.

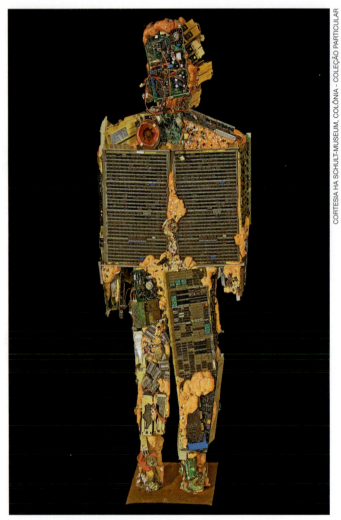

Homem lixo (1996), de HA Schult. Lixo eletrônico, latas prensadas e outros materiais descartados, dimensões variadas. Coleção particular.

Homem cabelo (2012), de HA Schult. Embalagens de cosméticos, escovas de cabelo, bobes e resíduos metálicos, dimensões variadas. Coleção particular.

Na obra *Homem lixo*, HA Schult utilizou componentes eletrônicos, como placas e circuitos de computador, para representar os pulmões de seu "homem lixo". Em *Homem cabelo*, o artista utilizou materiais descartados relacionados aos cuidados com os cabelos, como embalagens de cosméticos, secadores, pentes e escovas. Com essas obras, HA Schult deseja promover reflexões sobre questões como o consumismo inconsequente e a exploração irracional dos recursos naturais.

Frans Krajcberg

Uma referência na criação de obras com cunho ambiental é o escultor, pintor e fotógrafo Frans Krajcberg (1921-2017).

Ao longo de sua trajetória, Krajcberg sempre utilizou sua arte para promover a defesa da natureza, denunciar a degradação ambiental e despertar a consciência da sociedade para essa realidade.

Frans Krajcberg em Nova Viçosa (BA). Foto de 2007.

Nascido na Polônia e naturalizado brasileiro, o artista expressava com suas obras a indignação diante das queimadas e dos desmatamentos ocorridos no Brasil. Krajcberg viajou pelo país fotografando áreas desmatadas, principalmente na Amazônia. Delas recolhia resíduos como troncos, raízes e cipós que utilizava na produção de esculturas de grandes dimensões. Krajcberg também produzia pinturas com pigmentos naturais extraídos da terra, de minerais e de outros elementos orgânicos.

Em 2003, foi inaugurado o Instituto Frans Krajcberg de Arte e Meio Ambiente. Situado no Jardim Botânico de Curitiba, no Paraná, o instituto é um centro de referência para a chamada *arte ambiental*.

No próximo Tema, você vai conhecer outros artistas que criam obras com o objetivo de chamar a atenção do público para questões ambientais.

PARA LER

- **Frans Krajcberg: arte e meio ambiente**, de Roseli Ventrella e Silvia Bortolozzo. São Paulo: Moderna, 2006.

Esse livro apresenta a poética criativa do artista Frans Krajcberg em suas esculturas, que denunciam a dizimação das nossas florestas e o desequilíbrio ambiental.

Flor do mangue (1973), de Frans Krajcberg. Escultura feita com resíduos de árvores de manguezais, 12 × 8 × 5 m. Nova Viçosa (BA).

A VIDEOARTE

A partir da década de 1960, utilizando recursos de vídeo, vários artistas começaram a criar imagens, muitas vezes em movimento, que extrapolavam o espaço das telas e ocupavam paredes e monitores. Assim se desenvolveu a **videoarte**.

Um dos pioneiros da videoarte foi o sul-coreano Nam June Paik (1932-2006). Os aparelhos de televisão foram a principal matéria-prima utilizada por Paik em suas produções. O artista se destacou por abordar em suas obras não apenas as imagens, mas também os aparelhos.

Na obra reproduzida na foto desta página, por exemplo, Paik utilizou 1.003 aparelhos de televisão para criar uma **videoinstalação** que tem mais de 20 metros de altura.

Detalhe de *Quanto mais, melhor* (1988), de Nam June Paik. Videoinstalação com 1.003 monitores de televisão, 22,8 m de altura. Museu Nacional de Arte Moderna e Contemporânea, Gwacheon, Coreia do Sul.

> **PARA ASSISTIR**
>
> • **Quanto mais, melhor.** Vídeo com imagens da instalação de Nam June Paik. Disponível em: <https://www.youtube.com/watch?v=7F2nqPNrAsc>. Acesso em: 12 set. 2018.

O ARTISTA E SUA OBRA

Nam June Paik

Considerado o fundador da videoarte, o sul-coreano Nam June Paik foi um dos primeiros artistas visuais a explorar as possibilidades da associação das novas tecnologias à expressão artística. Suas criações com a imagem em movimento provocaram mudanças na concepção da programação de televisão e da produção de vídeos. Paik também utilizou outros meios expressivos, como as *performances* e as instalações artísticas.

Nam June Paik integrou o Fluxus, importante movimento de pesquisa artística das décadas de 1960 e 1970, influenciou os artistas das gerações seguintes e inseriu as realizações em vídeo no circuito mundial da arte.

No Brasil, em 1996, Paik foi homenageado no 11º Festival Internacional de Arte Eletrônica Vídeo-Brasil, realizado em São Paulo (SP).

Nam June Paik em foto de 1993.

Lady Secretary, Bilingual, Will Travel... (Secretária, bilíngue, vai viajar...) (1991), de Nam June Paik. Videoescultura com dispositivos de transmissão de imagens, telefone de parede, teclas de máquina de escrever e discos de armazenamento de áudio e vídeo, 157,48 × 132,08 × 68,58 cm. Museu de Arte de Denver, Estados Unidos.

Nam June Paik e a música

Além de artista visual, Nam June Paik foi músico. Ele estudou música no Japão e na Alemanha e foi fortemente influenciado pelo trabalho de artistas ligados a movimentos de vanguarda no século XX.

A CASA

Vários artistas usam diferentes linguagens para produzir suas obras. Na videoinstalação apresentada a seguir, por exemplo, os artistas Mauricio Dias e Walter Riedweg utilizaram elementos das linguagens visual e audiovisual. Observe um registro dessa criação na foto reproduzida abaixo.

A casa (2007), de Dias & Riedweg. Videoinstalação, 2 × 4 m.
Acervo dos artistas. Oslo, Noruega.

Observe que, nessa obra, os artistas utilizaram o desenho para representar, sobre papel de parede, diferentes espaços de uma casa, como os quartos e a piscina. Sobre o papel de parede desenhado foram instalados cinco monitores, nos quais foram reproduzidos vídeos curtos dos artistas nos espaços representados. Observe os detalhes a seguir.

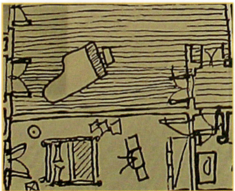

Detalhes da videoinstalação A casa (2007), de Dias & Riedweg.

ATIVIDADE

- Em sua opinião, o que teria motivado os artistas a criar a obra A casa? Comente com os colegas e o professor.

ATITUDES PARA A VIDA

Esculturas eletrônicas

As transformações pelas quais têm passado a produção e a circulação de mercadorias trazem uma abundante oferta de produtos que consumimos diariamente, mas também criam novos problemas para os quais a humanidade tem a responsabilidade de encontrar soluções. A questão do lixo é um desses problemas, cuja resolução não é definitiva, pois depende de uma constante adaptação da sociedade para lidar de modo adequado com os resíduos dos produtos consumidos. Além disso, os métodos de distribuição desses produtos envolvem a produção de muitas embalagens e, consequentemente, de muito lixo desnecessário.

Na atualidade, o problema se agrava: a grande quantidade de lixo eletrônico. Aparelhos que são cada vez mais utilizados cotidianamente, como telefones celulares, computadores portáteis e televisores, têm componentes tóxicos que, descartados junto com o lixo comum, muitas vezes despejado em aterros, podem causar danos permanentes ao meio ambiente. Os aparelhos vendidos hoje em dia são programados, com o avanço cada vez mais rápido das novas tecnologias, para ter uma vida útil mais curta, apresentando em pouco tempo falhas em componentes de baixa qualidade e também barreiras de atualização de *software* que obrigam seus usuários a descartá-los quando ainda se encontram em funcionamento.

As artes, na contemporaneidade, têm chamado a atenção para questões como essa, que podem ser invisíveis para grande parte das pessoas, que se limitam a consumir produtos de acordo com o que lhes é oferecido. Alguns artistas apresentam uma perspectiva crítica à tecnologia, propondo que a consumamos de forma menos condicionada ao formato apresentado pelas empresas que a produzem.

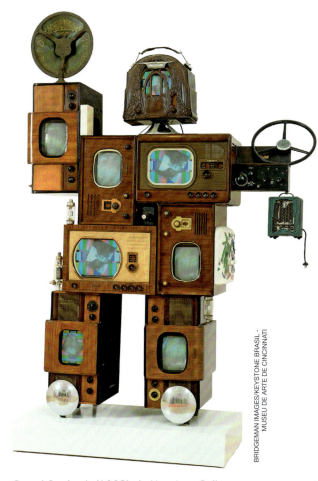

Powel Crosley Jr. (1992), de Nam June Paik. Escultura, 248,9 × 172 × 61 cm. Museu de Arte de Cincinnati, Estados Unidos. Escultura construída com aparelhos eletrônicos da marca Crosley, fundada por Powel Crosley Jr., cujo nome batiza a obra. Nam June Paik cria esculturas eletrônicas que criticam, entre outras coisas, a relação que desenvolvemos com os aparelhos.

QUESTÕES

1. Alguns artistas que você estudou neste Tema usam, em suas obras, materiais descartados pelas pessoas. Em grupo de até quatro integrantes, pensando nas possibilidades de criação que os artistas apresentam e em outros trabalhos que vocês tenham conhecido, discutam sobre as possibilidades de o trabalho artístico transformar a relação dos cidadãos com o lixo produzido cotidianamente.

2. Ainda em grupo, vocês vão criar um projeto de escultura eletrônica ou de instalação artística usando lixo eletrônico. Para isso, vocês vão fazer um desenho esquemático detalhando o posicionamento e a função de cada peça para produzir o efeito desejado. Lembrem-se de que vocês estarão prevendo usar aparelhos parcial ou completamente inoperantes.

3. Como vocês acham que as atitudes para a vida de **questionar e levantar problemas** e **criar, imaginar e inovar** foram mobilizadas na criação do projeto que vocês desenharam?

ATIVIDADE PRÁTICA

- Neste Tema, você conheceu artistas que se afastaram dos meios tradicionais da arte e experimentaram as novas tecnologias para se expressar. Nesta atividade, propomos que você forme um grupo com mais três colegas e experimentem outros meios expressivos para criar uma ação artística. Vamos realizar uma **instalação**! Siga as orientações abaixo e aquelas fornecidas pelo seu professor.

a) Seu professor determinará o espaço da escola onde você e os colegas vão realizar a montagem da instalação. Considere que esse espaço será reorganizado de uma maneira criativa por vocês.

b) A primeira ação que você e os colegas devem fazer é **pensar em uma questão ou tema que será abordado na instalação**. Uma boa maneira de pensar sobre isso é elencar os temas que vocês julguem pertinentes na atualidade, questões cruciais do planeta, como consumo consciente dos recursos naturais, destinação de resíduos sólidos, preservação da água, questões étnicas, direitos de minorias, pluralidade cultural ou propostas de pesquisa estética e/ou poética, criação de novos contextos ou visualidades, entre outros.

c) Escolhidos o tema e as ideias que devem ser comunicadas pela instalação, observem novamente o espaço e pensem quais alterações deverão ser realizadas. Comecem fazendo alguns desenhos das mudanças que serão realizadas; o desenho também é uma forma de pensamento. Depois, anotem tudo o que será necessário, respondendo às questões: O que será feito? Que objetos serão necessários para esta reorganização criativa do espaço? O que será usado? Haverá imagens, desenho ou fotografia? Será necessário reproduzir som ou vídeo? Como garantir equipamentos que serão necessários para essa reprodução?

d) Com as anotações do item anterior prontas, realizem uma **divisão de tarefas** para operacionalizar a instalação. Os integrantes do grupo devem garantir tudo o que será necessário para a montagem e a reorganização do espaço e para que a instalação seja montada na data previamente agendada pelo professor.

e) No dia anterior à montagem, o grupo deve fazer um *checklist*, ou seja, verificar se os itens da divisão de tarefas estão sob controle e garantidos. Quando chegar o momento de montar a instalação, o trabalho em equipe será fundamental para obter sucesso. Apreciem as instalações realizadas por outros grupos da turma.

f) Avaliem a realização do trabalho e considerem se o objetivo do grupo foi alcançado. Para isso, ainda em grupo, respondam às questões a seguir.

- As pessoas compreenderam a mensagem que vocês queriam comunicar?
- Houve interação com os espectadores?
- Houve diferentes interpretações?
- Como vocês se sentiram diante desse novo desafio?
- Aproveitem para também emitir opiniões sobre outras instalações que foram realizadas pelos colegas de sala.

TEMA 2
A ARTE AO ALCANCE DE TODOS

A ARTE PÚBLICA

Ao andar pelas ruas das cidades, é comum vermos muitas obras de arte que interagem com o ambiente e integram a paisagem. Como essas obras estão em espaços de livre acesso a todos, e não em galerias e museus – espaços tradicionalmente reservados para exposições –, são chamadas de **arte pública**.

Essas obras caracterizam-se por modificar, em caráter temporário ou permanente, o local onde são inseridas. A criação do artista indiano Anish Kapoor mostrada na foto desta página é um exemplo de arte pública.

Cloud gate (2004), de Anish Kapoor. Escultura de aço inoxidável polida, 10 × 20 × 12,8 m. Chicago, Estados Unidos. Foto de 2017.

ATIVIDADES

1. Você considera que *Cloud gate* é uma obra de caráter temporário ou permanente? Por quê?

2. A tradução de *Cloud gate* é "Portal da nuvem". Por que, em sua opinião, o artista deu esse título à obra?

3. Nas ruas e nas praças da cidade ou da localidade em que você reside há obras consideradas artísticas?

OBRAS NO ESPAÇO PÚBLICO

Até o início do século XX, as esculturas que eram produzidas e inseridas em ruas e praças dos municípios brasileiros tinham caráter estritamente oficial. Sua principal expressão eram os **monumentos**, geralmente obras grandiosas, com as quais se homenageavam personalidades e se comemoravam eventos históricos. Ao público cabia contemplar e admirar os monumentos e, assim, reconhecer a identidade do lugar em que vivia.

Os monumentos, em geral, são produzidos com materiais de alta durabilidade, como pedra ou bronze, o que lhes confere caráter permanente. O monumento que você observa nesta página, por exemplo, foi produzido com mármore, granito e bronze.

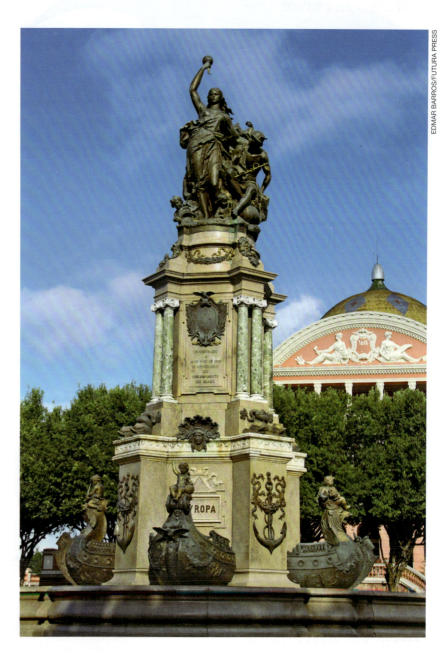

Monumento comemorativo à Abertura dos Portos (1900), de Domenico de Angelis. Escultura de mármore, granito e bronze, dimensões variadas. Manaus (AM). Foto de 2015.

ATIVIDADES

1. O que você sabe a respeito do evento histórico representado no monumento que aparece na foto reproduzida nesta página?

2. Na cidade ou na região em que você vive há monumentos que homenageiam personalidades ou fatos históricos? Responda a seguir e depois comente o assunto com os colegas.

MONUMENTO ÀS BANDEIRAS

Observe o monumento que aparece na foto reproduzida nesta página. Ele representa uma expedição bandeirante rumo ao interior do Brasil. Embora o nome oficial dessa obra seja *Monumento às bandeiras*, ela se tornou popularmente conhecida como "empurra-empurra", pois as figuras representadas parecem "empurrar" umas às outras ao puxar uma canoa que faz parte da escultura.

Nesse monumento, o escultor Victor Brecheret (1894-1955) representou personagens enfileirados que parecem caminhar sobre o solo. As dimensões e a rigidez das figuras conferem monumentalidade à obra.

Victor Brecheret levou trinta anos para realizar essa obra. Embora o monumento tenha sido inaugurado em 1953, o projeto inicial foi concebido pelo artista na década de 1920. Na época, entretanto, ele não conseguiu concretizar seu projeto.

Monumento às bandeiras (1953), de Victor Brecheret. Escultura de granito, 11 × 8,40 × 43,80 m. São Paulo (SP). Foto de 2015.

Victor Brecheret foi um dos artistas participantes da Semana de Arte Moderna de 1922 e é considerado um dos mais importantes escultores modernos do século XX. Ao longo de sua carreira, Brecheret produziu várias esculturas, que se encontram em museus e em espaços públicos.

Victor Brecheret. Foto de 1953.

PARA ACESSAR

- **As obras do artista plástico Victor Brecheret estão em exposição na Pinakotheke Cultural.** Disponível em: <https://globoplay.globo.com/v/6742426/>. Acesso em: 18 set. 2018.

Essa é uma reportagem sobre a exposição *Victor Brecheret* (1894-1955), que levou ao público 41 raras obras do artista. No vídeo, você poderá ver imagens de obras apresentadas na exposição e também uma imagem aérea do *Monumento às bandeiras*.

ATIVIDADE PRÁTICA

- Forme um grupo com até sete colegas. Vocês vão representar o artista Victor Brecheret esculpindo o *Monumento às bandeiras*. Para isso, sigam os procedimentos descritos abaixo.

    a) Observem a foto do *Monumento às bandeiras* e imaginem como o artista Victor Brecheret esculpiu essa obra.

    b) Escolham qual integrante do grupo será o "escultor". Os demais integrantes farão parte da escultura.

    c) O "escultor" deve colocar os colegas do grupo em posições semelhantes às das personagens da escultura de Victor Brecheret, como se estivesse esculpindo, sem fazer movimentos bruscos. Os gestos devem ser suaves, e, quando for necessário mover um colega, o escultor deve puxá-lo como se estivesse usando "fios imaginários", indicando as articulações do corpo e o movimento que o colega deve fazer. A atividade pode ser realizada em silêncio ou com a execução de sons que façam referência aos ruídos da ação do escultor interagindo com a matéria.

    d) Agora apresentem a "escultura" para os demais grupos da turma e assistam às apresentações deles. Ao final, vocês podem inverter os papéis e outro aluno poderá ser o escultor.

FOTOS: FERNANDO FAVORETTO

AS OBRAS, O ESPAÇO E O PÚBLICO

Ao longo do século XX, ocorreram muitas transformações no modo de pensar e de fazer arte. As obras instaladas em espaços públicos, cada vez mais, convidavam as pessoas a pensar e a observar o ambiente por meio da interação. A necessidade de romper com a visão do público como mero espectador permeou a maioria das propostas de arte a partir do início do século XX.

Essas experiências tiveram início na década de 1950, com movimentos que propunham a renovação da arte brasileira, entre eles, o movimento do Neoconcretismo, que você conheceu no Tema anterior. Franz Weissmann (1911-2005), autor da escultura *Diálogo*, que podemos observar na foto abaixo, foi um dos integrantes do movimento neoconcreto.

Diálogo (1978-1979), de Franz Weissmann. Escultura de chapas de aço pintadas, 4,43 × 5,15 × 1,50 m. São Paulo (SP). Foto de 2018.

A busca de interação com o espaço e com o público também pode ser observada na escultura mostrada na foto ao lado. De autoria de Leo Santana, essa escultura foi produzida em homenagem ao centenário de nascimento do escritor Carlos Drummond de Andrade (1902-1987). No banco, que faz parte da escultura, lê-se a frase "No mar estava escrita uma cidade", de autoria do poeta Drummond.

Carlos Drummond de Andrade (2002), de Leo Santana. Escultura de bronze em tamanho natural. Rio de Janeiro (RJ). Foto de 2018.

COMPREENDER UM TEXTO

Drummond foi cliente de comerciante que limpou estátua do poeta após pichação

"[...] Ao ouvir no rádio a notícia sobre a pichação da estátua de Carlos Drummond de Andrade, ocorrida na madrugada de Natal, o comerciante Herbert Parente não pensou duas vezes. Pegou [...] solvente [...], estopa, flanela e pincel e caminhou pelas ruas de Copacabana em direção ao monumento, no posto 6 da praia, na Zona Sul do Rio [de Janeiro]. Os produtos já estavam à mão, já que Parente é dono de uma loja de material de construção. O caminho era razoavelmente curto, pois ele mora na Avenida Nossa Senhora de Copacabana. As pernas, apesar dos 64 anos de idade do dono, seguiam ligeiras, já previamente embaladas pelas aulas de dança frequentadas às terças e às quintas-feiras. E o destino? Aquele poeta, que, no passado, foi cliente de sua loja, ainda no antigo endereço, também no bairro.

O comerciante Herbert Parente limpa a estátua de Carlos Drummond de Andrade. Rio de Janeiro (RJ), 2013.

– Drummond comprava comigo. [...] Também levei boa vontade para a limpeza, pois, sem isso, não acontece nada. Cheguei lá e havia pessoas tirando fotos com a estátua pichada. Pedi licença e comecei a limpá-la. Não deu muito tempo, chegou a imprensa. [...]

Já no dia seguinte, em sua loja, [...] os fregueses passavam para cumprimentar Herbert, que até posou para foto com uma antiga cliente. As paredes do local, impecáveis, refletem o cuidado do proprietário, que, com as próprias mãos, faz a limpeza da fachada – que, segundo ele, é pichada uma vez ao mês. A estátua de Drummond, portanto, não foi a primeira a receber os cuidados de Herbert Parente.

Comprometido com o trabalho, ele ainda recusou um convite para tirar uma foto ao lado da imagem do poeta, dizendo que não poderia se afastar da loja durante o expediente.

– Quando fui em direção à estátua, não contei para a minha mulher. Se falasse em casa que ia fazer isso, iam falar 'você vai pagar mico'. Mas tenho um carinho pela obra dele, e o povo gosta de tirar foto com a estátua. O pessoal faz fila. É um convite para uma foto ele ali, sentado no banco. Eu mesmo tenho várias fotos com a estátua — admite Parente."

LEONI, Fabíola. Drummond foi cliente de comerciante que limpou estátua do poeta após pichação. *O Globo*, Rio de Janeiro, 26 dez. 2013. Disponível em: <http://oglobo.globo.com/rio/drummond-foi-cliente-de-comerciante-que-limpou-estatuado-poeta-apos-pichacao-11158513>. Acesso em: 26 jul. 2018.

QUESTÕES

1. Em sua opinião, o que motiva atitudes como a do comerciante que decidiu limpar a escultura em homenagem a Carlos Drummond de Andrade?

2. É comum, em muitas cidades brasileiras, prédios e obras públicas serem alvo de depredação. Em sua opinião, por que isso ocorre?

INTERVENÇÕES ARTÍSTICAS

Observe novamente na página 87 a escultura *Monumento às bandeiras*, de Victor Brecheret. Observe agora a imagem desse mesmo monumento reproduzida nesta página. O que você nota de diferente nela em relação à imagem anterior dessa obra?

O artista Eduardo Srur realizou, em 2004, uma ação de incluir no monumento uma âncora de navio construída por ele na obra original de Brecheret. Essa âncora permaneceu três semanas instalada na escultura, e os visitantes do parque e transeuntes foram fotografados diante dela. Esse tipo de interferência artística, realizado em elementos preexistentes no espaço, é chamado **intervenção**.

Eduardo Srur, em foto de 2017.

Âncora, de Eduardo Srur (2004). Intervenção, borracha EVA, madeira, massa asfáltica, pó de ferro, sisal e cabos de aço, 2,50 × 0,50 × 3,20 m. São Paulo (SP).

ATIVIDADES

1. Em sua opinião, por que o artista teria incluído uma âncora nesse monumento ao realizar sua intervenção?

2. Qual seria a relação do título da obra com a intenção do artista?

O TRABALHO DE EDUARDO SRUR

Ao analisar as obras de Eduardo Srur, percebemos que a arte, muitas vezes, pode promover a interação entre os habitantes e o espaço que ocupam. Veja, a seguir, a reprodução de outra produção desse artista.

PETs (2008), de Eduardo Srur. Intervenção com vinte peças de vinil instaladas sobre plataformas de flutuação, cabos de aço, lâmpadas fluorescentes, 10 × 3,5 m (cada peça). Margens de concreto do Rio Tietê, São Paulo (SP).

Em PETs, Eduardo Srur criou grandes esculturas que representam garrafas PET, e as dispôs às margens do Rio Tietê, em São Paulo (SP). Realizada em 2008, essa intervenção de caráter temporário permaneceu cerca de dois meses e estima-se que tenha sido vista por cerca de 60 milhões de pessoas. Além do Rio Tietê, a Represa Guarapiranga – em São Paulo (SP) – e o Lago Taboão – em Bragança Paulista (SP) – receberam a intervenção PETs.

Propostas como PETs podem desencadear reflexões a respeito do modo como os seres humanos se relacionam com o espaço e com a natureza. Com o material utilizado na produção das esculturas da obra PETs, foram confeccionadas centenas de mochilas, que foram doadas a alunos das escolas públicas que visitaram a intervenção.

PETs (2011), de Eduardo Srur. Intervenção com vinte peças de vinil instaladas sobre plataformas de flutuação, cabos de aço, lâmpadas fluorescentes, 10 × 3,5 m (cada peça). Lago Taboão, Bragança Paulista (SP).

CAIAQUES

Outro projeto de cunho ambiental desenvolvido pelo artista Eduardo Srur foi a intervenção *Caiaques*. Nessa obra, 150 caiaques tripulados por manequins feitos de plástico foram distribuídos ao longo do Rio Pinheiros, na cidade de São Paulo (SP). A ideia de Eduardo Srur foi chamar a atenção das pessoas que passavam ao longo do Rio Pinheiros para que se lembrassem daquele espaço, frequentemente esquecido no cotidiano da cidade.

Em diversas ocasiões, os caiaques ficaram "ilhados" em grandes concentrações de lixo depositados nas águas do rio poluído e que flutuam em sua superfície. Em *Caiaques*, Eduardo Srur também faz referência às atividades de remo promovidas por clubes de São Paulo, em outra época, quando o rio ainda era limpo.

Veja as fotos reproduzidas a seguir.

Entrevista com Eduardo Srur

Nesta entrevista em áudio, o artista plástico Eduardo Srur fala sobre suas criações e sua relação com a cidade. Disponível em <http://mod.lk/aa9u2t2a>.

Caiaques (2006), de Eduardo Srur. Intervenção com 150 esculturas formadas de caiaques plásticos, remos de alumínio e manequins plásticos, vestidos com roupas de tactel, de 3,60 × 0,78 × 1,10 m (caiaque duplo) e 2,70 × 0,66 × 1,10 m (caiaque simples). Rio Pinheiros, São Paulo (SP). Na foto da direita, os caiaques atolados sobre uma "ilha" de lixo flutuante no rio.

Eu, passarinho

O coletivo Desejos Urbanos desenvolve um projeto artístico com materiais descartados. Um dos principais projetos desse grupo é chamado de *Eu, passarinho*, uma intervenção urbana que consiste na produção de pequenos pássaros de papelão que são espalhados em diferentes espaços da cidade.

Esse projeto tem início com a escolha do local onde os pássaros serão dispostos. Depois, é realizada uma pesquisa sobre os pássaros que habitam ou habitavam a região escolhida. Os artistas, então, recolhem placas de papelão das ruas e com elas confeccionam os pássaros. Em seguida, os artistas dispõem os pássaros de papelão no local escolhido e registram em textos, fotos e vídeos a reação das pessoas que passam ao ver as pequenas obras.

Veja registros dessa intervenção nas fotos a seguir.

Projeto intervenção urbana *Eu, passarinho*, realizado pelo coletivo Desejos Urbanos em Lisboa, Portugal, 2017; Santos (SP), 2014; Fortaleza (CE), 2015.

PROJEÇÕES

Como vimos no Tema anterior, na atualidade, os artistas cada vez mais têm utilizado recursos advindos dos avanços tecnológicos para a produção de suas obras. Veja a imagem a seguir.

Symbiosis (2011), de Roberta Carvalho. Projeção de imagem sobre vegetação. Ilha do Combu, Belém (PA).

Nesta imagem vemos um rosto humano sendo projetado sobre uma vegetação. Trata-se de uma foto do projeto *Symbiosis*, idealizado pela artista Roberta Carvalho e apresentado na região ribeirinha da cidade de Belém do Pará. Essa produção é feita por meio de projeção de imagens fotográficas e/ou de vídeo, ou seja, produzidas por mídias físicas ou eletrônicas, projetadas sobre copas de árvores e áreas de vegetação de diferentes espaços de cidades, florestas, comunidades, entre outros. A obra tem um caráter multimídia, pois integra fotografia, vídeo, instalação e intervenção urbana.

Simbiose é um termo científico que pode ser definido como uma associação entre dois organismos de espécies diferentes. Na proposta de Roberta Carvalho, a arte se associa à natureza e surge algo inusitado, promovendo, por meio da prática artística, uma nova reflexão sobre a relação do ser humano contemporâneo com a natureza e vice-versa.

 Conhecendo VJ Spetto

Neste vídeo, o artista VJ Spetto fala de suas obras de projeção no estilo vídeo *mapping* e conta sobre a montagem da exposição *São Paulo: a capital tropicalista*.
Disponível em <http://mod.lk/aa9u2t2b>.

ATIVIDADES

1. Como você acha que esta imagem pode estar neste lugar?

2. Você já viu uma criação artística realizada com projeções visuais? Caso já tenha visto, descreva-a a seguir.

O ARTISTA E SUA OBRA

Roberta Carvalho

Roberta Carvalho é artista visual de Belém do Pará. Durante sua trajetória, tem desenvolvido trabalhos na área de imagem, intervenção urbana e videoarte que buscam afirmar a arte em espaços públicos. Em suas obras, articula novas tecnologias de maneira a mediar criações artísticas nos espaços da cidade, especialmente imagens digitais – produzidas, armazenadas e reproduzidas por meios eletrônicos. Participou de várias exposições, coletivas e individuais, no Brasil, França, Espanha e Martinica, e recebeu diversos prêmios.

A relação com o espaço e a tecnologia pode ser observada no projeto *Symbiosis*, que você conheceu na página anterior.

Em 2016, Roberta Carvalho participou do projeto *Mauá remixes*, no qual a artista realizou uma projeção sobre um dos edifícios da Praça Mauá, no Rio de Janeiro. Com fragmentos de áudio e vídeo, imagens e sons compunham uma narrativa poética para contar o cotidiano das pessoas e também suas memórias naquele território. Uma reflexão sobre o lugar, as relações sociais, culturais e econômicas se configuravam com base nas projeções visuais. Veja um registro dessa obra na fotografia reproduzida a seguir.

A artista Roberta Carvalho, em foto de 2017.

Mauá remixes (2016), de Roberta Carvalho. Projeção de vídeos sobre prédio. Praça Mauá, Rio de Janeiro (RJ).

AS PROJEÇÕES DE REGINA SILVEIRA

A artista Regina Silveira há anos utiliza recursos tecnológicos em suas produções. Ao longo de sua carreira, ela realizou diversas intervenções urbanas em que projetou imagens em grande escala sobre paredes e outros espaços públicos e privados, utilizando recursos como *laser*, projetores e pontos de luz.

Em 2009, Regina Silveira realizou a intervenção *Passeio selvagem*. Buscando promover um diálogo com a arquitetura urbana, ela criou animações digitais que reproduziam pegadas de animais e as projetou em prédios e em ruas de diferentes pontos de São Paulo (SP). Para executar essa obra, a artista instalou um equipamento de projeção em um automóvel em movimento, que serviu de base para projetar as imagens com *laser*.

Passeio selvagem (2009), de Regina Silveira. Intervenção urbana com projeção de *laser*. São Paulo (SP).

Antes de *Passeio selvagem*, Regina Silveira já havia utilizado projeções em obras urbanas. Em 2001, por exemplo, ela projetou moscas gigantes em paredes de prédios de São Paulo. Observe a foto a seguir.

Transit (2001), de Regina Silveira. Intervenção urbana com projeção de *laser*. São Paulo (SP).

ATIVIDADE PRÁTICA

Nesta Unidade, você aprendeu que a arte contemporânea é diversa e que atualmente as obras podem ser produzidas por meio das novas tecnologias.

- Agora, você e seus colegas vão se reunir em pequenos grupos para produzir uma ação artística em **videoarte**. O tema será a sua vivência na escola e o trabalho deve ter, no máximo, 2 minutos de vídeo. Para a produção, será necessário muito planejamento e ação conjunta e coordenada dos integrantes do grupo. Para isso, sigam as etapas a seguir:

a) Vocês precisarão de um *smartphone* e, se possível, um tripé ou suporte para dar firmeza ao aparelho durante a gravação, um microfone, espaços com paredes claras e boa iluminação, lugares silenciosos para realizar a gravação.

b) Conversem sobre aspectos da escola que gostariam de abordar de maneira poética e escolham um deles como tema da narrativa que vocês farão em vídeo. Pode ser sobre a história da escola e seus espaços, a experiência das pessoas que participam de seu cotidiano, a memória das pessoas que já estudaram ali, os sonhos e desejos dos alunos que agora estudam no local, as necessidades da escola, entre tantas outras possibilidades.

c) Tendo como base o tema escolhido, façam uma lista das imagens mais importantes que não podem faltar no vídeo. Definam o que será colocado no começo, no meio e no fim do vídeo para que ele faça sentido e transmita de forma clara o que vocês querem contar. Decidam se haverá algum tipo de narração. Depois, escrevam as cenas do que será contado, descrevendo detalhadamente o que será falado (se houver narração), as imagens e os sons. O roteiro deve ser o guia durante a gravação do vídeo, por isso deve ser bem detalhado, com as ações, reações, posições das pessoas na cena etc.

d) Em uma gravação de vídeo, **tomada** é tudo o que é registrado pela câmera. Façam uma lista com todas as tomadas de imagem que deverão ser feitas – elas devem estar descritas no roteiro.

e) Para realizar as gravações, procurem lugares bem iluminados. Se forem gravar em um ambiente fechado, iluminem bem a cena. Lembrem-se de que a luz deve estar posicionada de trás da câmera para frente dela para iluminar o que será filmado. A luz não pode ser colocada contra o *smartphone*.

f) Chegou a hora de editar o vídeo para dar unidade às imagens capturadas. Existem aplicativos de edição de vídeo para *smartphones* ou *softwares* para edição em computador. Façam uma pesquisa e escolham o mais adequado para o trabalho que estão fazendo. Para a edição, excluam as partes repetidas ou desnecessárias para deixar o vídeo mais conciso, atraente, objetivo e de fácil entendimento. Depois, montem a sequência de imagens de acordo com o roteiro.

g) Na data agendada pelo professor, apresentem seu trabalho de videoarte para os outros colegas e apreciem o trabalho dos outros grupos.

h) Depois que todos os grupos tiverem apresentado os videoartes, sentem-se em círculo para conversar sobre como foi a realização dos trabalhos. Considerem os pontos positivos e negativos do próprio videoarte e ressaltem o que foi bom no trabalho dos demais grupos. A avaliação deve ser também o momento de troca de experiências, de contar como vocês produziram o vídeo e saber como os demais grupos encontraram soluções que não foram pensadas pelo seu grupo.

MONKEY BUSINESS IMAGES/SHUTTERSTOCK

TEMA 3 — NOVOS RUMOS

PERFORMANCE

A foto desta página mostra uma cena de uma **performance** realizada em Recife (PE), em 2014. A *performance* é uma ação artística que reúne elementos de diferentes linguagens. Os artistas participantes, em geral, orientam-se por um roteiro previamente definido e utilizam o corpo, os gestos e as palavras para estabelecer uma relação entre a arte e o cotidiano.

Em *Cegos*, um grupo de artistas se vestiu com trajes executivos cobertos de argila e, vendados, saíram caminhando pelo centro de grandes cidades, interagindo com o espaço e com as pessoas. A *performance Cegos*, na qual os artistas interagiam com o espaço e com as pessoas, foi realizada em diferentes cidades brasileiras.

PARA ASSISTIR

- **Cegos – Intervenção Urbana.** Disponível em: <www.youtube.com/watch?v=Cr8MV8hhI2w>. Acesso em: 21 set. 2018.

  O vídeo traz imagens dessa *performance* realizada na Avenida Paulista, na cidade de São Paulo, em 17 de novembro de 2012.

Apresentação da *performance Cegos*, do grupo Desvio Coletivo, em Recife (PE), em 2014.

ATIVIDADE

- Em sua opinião, quais seriam as motivações dos artistas que criaram a *performance Cegos*?

FLÁVIO DE CARVALHO

Um dos pioneiros na realização de *performances* no Brasil foi Flávio de Carvalho (1899-1973). Em 1956, ele chamou a atenção do público ao sair pelas ruas de São Paulo (SP) vestido com uma saia de pregas e uma blusa de mangas largas. Intitulada *New look*, essa ação artística causou polêmica e é considerada um marco da arte da *performance* no Brasil.

Flávio de Carvalho durante a apresentação da *performance New look*, em São Paulo (SP), em 1956.

Ao apresentar a *performance New look*, Flávio de Carvalho chocou o público – acostumado a ver homens vestidos com calças e camisas – e promoveu uma reflexão a respeito de algumas convenções impostas pela sociedade. Segundo ele, as vestimentas que compunham *New look* também eram mais adequadas ao clima tropical brasileiro, fazendo uma crítica à submissão brasileira à moda europeia e estadunidense.

O *happening*

Assim como a *performance*, o ***happening*** é uma manifestação artística em que se utilizam elementos de diferentes linguagens, como o teatro e as artes visuais. O que difere a *performance* do *happening*, no entanto, é a participação do público. Na *performance*, o público pode ou não participar da apresentação; no *happening*, a participação do público é essencial. Outras características marcantes do *happening* são a improvisação daquele que conduz a cena, a participação de atores amadores e a indiferenciação entre espetáculo e público.

Indiferenciação: ato de não diferenciar.

A ARTISTA ESTÁ PRESENTE

A foto desta página mostra um registro da *performance A artista está presente*, de Marina Abramovic, uma das mais importantes artistas performáticas da atualidade. Nessa *performance*, realizada no Museu de Arte Moderna de Nova York (MoMA), Marina Abramovic permaneceu sentada em uma cadeira olhando fixamente para os visitantes do museu que se sentavam diante dela. A artista se mantinha em silêncio e praticamente imóvel, apenas trocando olhares com o estranho que estava sentado diante dela. Ela realizou essa *performance* seis vezes por semana, durante sete horas e meia por dia, pelo período de três meses.

A artista está presente (2010), de Marina Abramovic. *Performance*. Museu de Arte Moderna de Nova York (MoMA), Estados Unidos.

Muitas pessoas que passavam pelo espaço no qual a *performance* acontecia se sentiam motivadas a se sentar diante de Marina Abramovic. A visitante do museu retratada na foto acima permaneceu sentada diante da artista durante doze minutos.

Nas propostas artísticas de Marina Abramovic, o corpo deixa de ser o tema ou a referência artística, transformando-se na obra. Desse modo, a artista torna-se sujeito e objeto de sua obra.

No detalhe ao lado, aparece um fotógrafo registrando a *performance*. Além dos registros fotográficos, há vídeos dessa obra de Marina Abramovic. As *performances* podem ser registradas, por exemplo, em textos, fotos e vídeos.

Fotógrafo registra a *performance A artista está presente*, de Marina Abramovic.

COMPREENDER UM TEXTO

Performance de artista acaba num emocionante reencontro

Marina Abramovic encontra o artista Ulay, seu ex-companheiro e parceiro de trabalho, durante a *performance* *A artista está presente* (2010). Museu de Arte Moderna de Nova York (MoMA), Estados Unidos.

"[...] Nos anos [19]70, Marina Abramovic viveu uma intensa história de amor com o também artista Ulay. Eles fizeram arte simbioticamente durante 12 anos nômades, entre 1976 e 1988. [...]

A união dos dois passou por muitos altos e baixos, como todo relacionamento intenso, até dia em que o fim chegou. [...]

Foi então que eles encenaram a última *performance* juntos: decidiram percorrer a Grande Muralha da China; cada um começou a caminhar de um lado, para se encontrarem no meio, dar um último grande abraço um no outro, e nunca mais se ver.

Eis que, em maio de 2010, Marina fez uma *performance* ao vivo no MoMA, em Nova Iorque, chamada 'The Artist Is Present'.

Durante 3 meses e por várias horas do dia, Abramovic sentava-se silenciosa em uma cadeira, de frente para uma segunda cadeira que ficava vazia. Um a um, os visitantes do museu sentavam à sua frente e olhavam para ela por um longo período de tempo. O máximo que conseguissem.

Foi então que o MoMa de Nova Iorque dedicou uma retrospectiva a sua obra. Nessa retrospectiva, Marina compartilhava um minuto de silêncio com cada estranho que sentasse a sua frente. Ulay chegou sem que ela soubesse [...].

Num exemplo palpável de que um olhar diz mais do que qualquer palavra, eles não precisaram dizer nada, pois conversaram com o coração. Naquele minuto de silêncio, tudo o que precisava ser dito, foi dito.

Muita gente diz que foi tudo armado para trazer mais popularidade para a artista mas, de qualquer forma, o objetivo da arte se cumpriu (tenha sido ensaiado ou não) – tocar as pessoas. [...]"

BARBOSA, Jaque. Performance de artista acaba num emocionante reencontro. *Hypeness*. Fev. 2013. Disponível em: <https://www.hypeness.com.br/2013/02/performance-de-artista-acaba-num-emocionante-reencontro/>. Acesso em: 21 set. 2018.

QUESTÕES

1. Como foi o último encontro entre Marina Abramovic e Ulay depois que eles decidiram se separar?

2. Segundo o texto, qual é o objetivo da arte, que se cumpriu durante o encontro entre Marina e Ulay? Por quê?

O trabalho de Berna Reale

A paraense Berna Reale é reconhecida no Brasil e no exterior como uma das mais importantes artistas brasileiras de *performance*. Além das *performances*, a produção artística de Berna inclui fotografias, vídeos e instalações. A artista trabalha em suas obras as questões contemporâneas e a violência em todas as suas formas: a cotidiana e aquela que ela chama de silenciosa, permeada por todos os tipos de assédio e de abusos sofridos pelas pessoas.

Compostas de séries de fotografias e de vídeos, as *performances* da artista em geral não contam com atores ou modelos, tendo a própria Berna Reale como protagonista. Nos últimos anos, nessas *performances* a artista tem abordado a questão da violência, provocando no espectador a necessidade de reflexão sobre essa e outras questões.

Em um de seus trabalhos, *Número repetido* (2012), Berna usou, em uma *performance*, uma roupa listrada, que lembra uma veste chinesa, e uma máscara sufocante, em um cenário cinzento e opressivo, o que remete ao mundo do capital, que submete os chineses a péssimas condições de trabalho.

A artista Berna Reale, em foto de 2017.

Número repetido (2012), de Berna Reale. *Performance*, registrada com pigmento mineral sobre papel fotográfico.

UMA PROPOSTA CONTEMPORÂNEA

A *performance* é uma das produções mais características da **arte contemporânea** – o conjunto de estilos e movimentos artísticos que emergiram a partir da segunda metade do século XX. As produções contemporâneas, muitas vezes, podem causar estranhamento, surpresa ou gerar dúvidas no espectador. Isso ocorre porque, muitas vezes, o significado dessas obras nem sempre é reconhecível, pois, em geral, não seguem uma narrativa.

As obras de arte são passíveis de vários entendimentos e interpretações. Nas produções contemporâneas pode ser muito interessante conhecer as motivações dos artistas criadores.

A convivência de várias linguagens e a citação de obras de diferentes períodos históricos são características da arte contemporânea. Em *Desvio para o vermelho* – que conhecemos no Tema 1 –, por exemplo, o artista Cildo Meireles teve como uma de suas referências a obra *O ateliê vermelho*, de Henri Matisse, também apresentada no Tema 1.

De acordo com os idealizadores da *performance Cegos*, a referência para o título dessa *performance* foi a obra *Parábola dos cegos*, de Pieter Bruegel, o Velho (c. 1525-1569), artista que nasceu na Antuérpia – atual Bélgica – e destacou-se ao produzir obras de forte caráter narrativo.

Parábola dos cegos (1568), de Pieter Bruegel, o Velho. Têmpera sobre tela, 86 × 154 cm. Museu de Capodimonte, Nápoles, Itália.

PARA ACESSAR

- **Pieter Bruegel the Elder.** Disponível em: <www.pieter-bruegel-the-elder.org>. Acesso em: 21 set. 2018.

  Nesse *site*, é possível acessar as obras produzidas por Pieter Bruegel. O texto está em inglês, mas a navegação pelo *site* é fácil.

PARA LER

- ***O que é arte contemporânea?***, de Jacky Klein e Suzy Klein. São Paulo: Claro Enigma, 2012.

  Nessa obra, os autores tratam dos principais temas da arte contemporânea por meio de obras de mais de setenta artistas do mundo inteiro. Apresentam informações importantes sobre cada artista, explicando como os trabalhos foram feitos e o significado de termos importantes. A obra ainda traz indicações de museus e *sites* sobre o assunto.

O *ATLAS* DE VIK MUNIZ

O artista visual Vik Muniz frequentemente elabora obras em que faz referências a criações de artistas de diferentes períodos e estilos. Para produzir *Atlas (Carlão)*, por exemplo, Vik Muniz utilizou diversos objetos encontrados em um depósito de lixo, hoje desativado, localizado em Duque de Caxias, no Rio de Janeiro. Nessa obra, o artista faz menção à pintura *Atlas*, do artista italiano Giovanni Francesco Barbieri, conhecido como Guercino (1591-1666). Veja a seguir a criação de Vik Muniz e a pintura na qual se baseou.

Atlas (Carlão) (2008), de Vik Muniz. Técnica mista composta de imagens de lixo e cópia cromogênica digital, 229,9 × 180,3 cm. Coleção particular.

Atlas (1645-1646), de Guercino. Óleo sobre tela, 127 × 101 cm. Museu Mozzi Bardini, Florença, Itália.

ATIVIDADE

- Observe as obras *Atlas (Carlão)*, de Vik Muniz, e Atlas, de Guercino. Em sua opinião, que diferenças é possível perceber na postura e no olhar da personagem Atlas representada em cada obra? Registre suas impressões a seguir e depois compartilhe com os colegas.

Referências à *Mona Lisa*

Mona Lisa, de Leonardo da Vinci (1452-1519), é uma das imagens mais conhecidas em todo o mundo. Criada no início do século XVI, ao longo da história da arte essa pintura tem sido referenciada em criações de artistas de diferentes estilos. Veja, por exemplo, a obra reproduzida a seguir.

Mona Lisa (1983), de Jean-Michel Basquiat. Acrílica e óleo sobre tela, 169,5 × 154,5 cm. Coleção particular.

Na produção de *Mona Lisa*, Basquiat utilizou elementos da linguagem do grafite, atribuindo novo sentido à produção de Da Vinci. A composição de Basquiat também é inspirada na cédula de 1 dólar, a moeda dos Estados Unidos (observe abaixo a reprodução da cédula). O artista substituiu a representação do presidente estadunidense George Washington (1732-1799) pela figura da *Mona Lisa* e inseriu textos e números que remetem à cédula.

Nota de 1 dólar estadunidense.

- Em sua opinião, qual seria a intenção de Basquiat ao reunir elementos da *Mona Lisa*, de Leonardo da Vinci, e da nota de 1 dólar na obra que conhecemos nesta página?

O *ready-made*

Quem também produziu obras com citações à pintura *Mona Lisa* foi Marcel Duchamp (1887-1968). Uma dessas obras é *L.H.O.O.Q.*, reproduzida a seguir.

L.H.O.O.Q. (1919), de Marcel Duchamp. *Ready-made*, 19,7 × 12,4 cm. Coleção particular.

A obra *L.H.O.O.Q.* é um **ready-made**, como são chamadas as obras produzidas a partir de objetos preexistentes e industrializados. No caso da obra desta página, Marcel Duchamp fez sua criação com um cartão-postal no qual estava impressa a imagem da *Mona Lisa*. Nos *ready-mades*, fora de seu contexto original e por meio da intervenção do artista, os objetos perdem sua função original e ganham significado estético.

Marcel Duchamp integrava o Dadaísmo, movimento cujos integrantes defendiam a liberdade na arte e na vida. Além de atribuir importância a objetos que normalmente eram desprezados, os dadaístas pretendiam retirar a arte dos museus, levando-a para o cotidiano das pessoas. Eles propunham uma arte provocativa, transformadora e não meramente contemplativa. A arte deveria incomodar, em vez de agradar ao público e à sociedade.

ATIVIDADE PRÁTICA

- Nesta Unidade, você aprendeu que a **performance** é um meio artístico que pode ser considerado uma expressão híbrida porque se encontra no limite entre as Artes Visuais e o Teatro. Aprendeu também que uma das características da arte contemporânea é a **citação**, ou seja, os artistas realizam trabalhos tomando como referência obras do passado. Agora você vai criar com os colegas uma apresentação performática tomando como referência a *performance New look*, que o artista Flávio de Carvalho realizou em 1956. O desafio desta atividade será encontrar uma forma de atualizar as preocupações que motivaram o artista, respondendo à seguinte questão: Qual seria o *New Look* atual? Para isso, sigam as orientações do professor para realizar as etapas abaixo:

a) Em grupo com dois colegas, procurem responder às seguintes questões: Hoje seria pertinente a crítica feita por Flávio de Carvalho em sua *performance*? O brasileiro continua a se sujeitar aos padrões de beleza estabelecidos pela sociedade de consumo? A maneira como nós, brasileiros, nos vestimos leva em consideração nossas reais necessidades?

b) Com base nas opiniões dos colegas do grupo, imaginem um *New look* atualizado. Vocês poderão compor um modelo marcado pela nossa pluralidade cultural, considerando a miscigenação de diferentes etnias. Escolham um contexto específico para essa criação: será para um habitante de grande cidade, do campo, de praia? Qual é a idade dessa personagem? Qual é sua situação social?

c) Façam um roteiro descrevendo como acontecerá a *performance*, enumerando as ações e possíveis introduções de falas.

d) Dividam as tarefas para que cada um fique responsável por uma parte da produção: indumentária, adereços, maquiagem, objetos necessários para a *performance*.

e) Lembrem-se de fazer os registros do trabalho: anotações de roteiro, esboços ou croquis da indumentária que estão criando, fotografias do processo de criação, gravação de vídeos, depoimentos etc.

f) Na data agendada, apresentem o trabalho para os colegas e apreciem a *performance* dos outros grupos.

g) Depois que todos os grupos tiverem se apresentado, reúnam-se e contem para os colegas como foi o processo de criação da *performance*, do que mais gostaram e do que menos gostaram, como se sentiram durante a apresentação, o que fariam de diferente depois de ter visto a apresentação de todos os grupos.

O traje "New look de verão", usado por Flávio de Carvalho em sua *Experiência nº 3*, em 1956.

ORGANIZAR O CONHECIMENTO

1. Identifique cada uma das afirmativas a seguir como verdadeira (V) ou falsa (F).

   (   ) No Brasil, os monumentos expostos em ruas e praças homenageavam personalidades e comemoravam eventos históricos. Em geral, os monumentos são produzidos com materiais de baixa durabilidade, já que eles têm caráter temporário.

   Se você errou essa resposta, retome a leitura do tópico "Obras no espaço público".

   (   ) O Neoconcretismo é considerado um dos mais importantes e significativos movimentos artísticos brasileiros. Algumas das características do Neoconcretismo brasileiro são o resgate da produção de obras mais subjetivas e expressivas, a aproximação com o público e a busca pela renovação da linguagem geométrica.

   Se você errou essa resposta, retome a leitura do tópico "O Neoconcretismo".

   (   ) O artista Henri Matisse, autor da obra *O ateliê vermelho*, integrava um grupo importante de pintores que ficou conhecido como fauvista. Esses artistas utilizavam as cores de forma livre, com pinceladas largas, para obter efeitos mais expressivos.

   Se você errou essa resposta, retome a leitura do tópico "As sensações despertadas pelas cores".

   (   ) O artista Eduardo Srur criou grandes esculturas que representam garrafas PET e as colocou às margens do Rio Tietê, em São Paulo, onde permanecem desde 2008, e estima-se que tenham sido vistas por cerca de 150 milhões de pessoas.

   Se você errou essa resposta, retome a leitura do tópico "O trabalho de Eduardo Srur".

2. Complete as afirmações a seguir.

   a) As obras chamadas de arte pública estão localizadas em espaços _____ e interagem com o ambiente e integram a paisagem.

   Se você errou essa resposta, retome a leitura do tópico "A arte pública".

   b) A obra *Monumento às bandeiras*, que representa uma expedição bandeirante rumo ao interior do Brasil e está localizada na cidade de São Paulo, é do escultor _____.

   Se você errou essa resposta, retome a leitura do tópico "*Monumento às bandeiras*".

   c) Cildo Meireles, considerado um dos mais importantes artistas brasileiros da atualidade, ficou conhecido por produzir obras de arte que tratam de temas relacionados a questões políticas e sociais. Sua obra *Desvio para o vermelho* é formada por três ambientes articulados entre si, denominados

   _____, _____ e _____.

   Se você errou essa resposta, retome a leitura do tópico "Um espaço monocromático".

   d) Na manifestação artística chamada *happening* são utilizados elementos de diferentes linguagens, como

   _____ e _____. O que diferencia o *happening* da *performance* é que, nele, a participação do público é essencial. E também se caracteriza pela improvisação daquele que conduz a cena.

   Se você errou essa resposta, retome a leitura do boxe "O *happening*".

   e) A série *Bichos*, criada em 1960 pela artista Lygia Clark, é composta de um conjunto de _____ _____ que se articulam por meio de dobradiças. O espectador é "convidado" a experimentar as diferentes formas que as peças podem adquirir por meio do manuseio e a forma final da obra é "decidida" por quem a manuseia.

   Se você errou essa resposta, retome a leitura do tópico "Lygia Clark e a série *Bichos*".

   f) O projeto *Symbiosis*, idealizado por _____, é uma intervenção urbana na qual a artista projetou fotografias e imagens digitais videográficas nas copas de árvores na região ribeirinha da cidade de Belém do Pará. A obra integra fotografia, vídeo, instalação e intervenção urbana, tendo, portanto, um caráter multimídia.

   Se você errou essa resposta, retome a leitura do tópico "Projeções".

UNIDADE 3
TEATRO ALÉM DAS FRONTEIRAS

- **TEMA 1** NOVOS ESPAÇOS
- **TEMA 2** A PARTICIPAÇÃO DO ESPECTADOR
- **TEMA 3** PROCESSOS DE CRIAÇÃO COMPARTILHADA

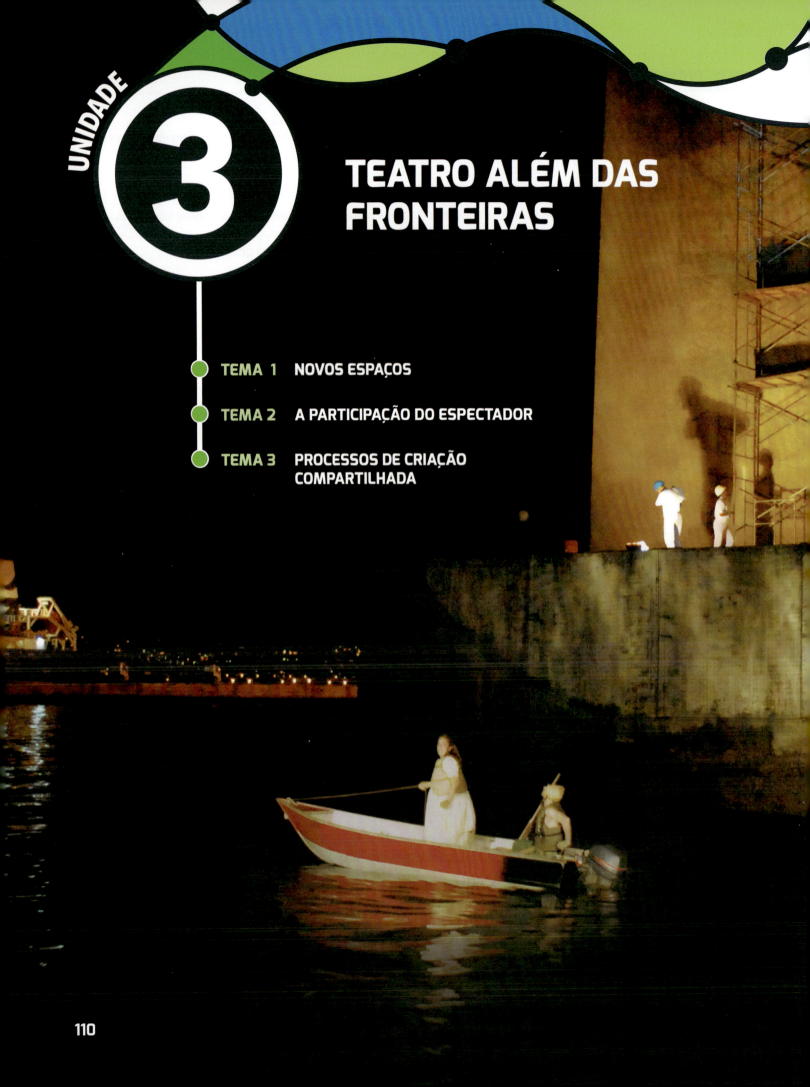

Atores do Teatro da Vertigem em cena do espetáculo *BR-3*, no Rio Tietê, em São Paulo (SP), em 2007. No barco, os atores Marília De Santis e Sérgio Pardal.

DE OLHO NA IMAGEM

Cena do espetáculo *BR-3*, do Teatro da Vertigem, no Rio Tietê, em São Paulo (SP), em 2007.

1. Observe atentamente a imagem e descreva a situação retratada.

2. Onde você imagina que essa situação acontece?

3. Ao ver essa imagem sem nenhuma referência, você diria que é de uma peça teatral? Justifique.

4. Qual é o palco em que os atores representam?

Teatro da Vertigem

O Teatro da Vertigem foi criado em 1991 como um grupo de pesquisa e experimentação cênica. Consolidou-se como companhia teatral a partir da estreia de seu primeiro espetáculo, *O paraíso perdido*, em 1992.

Ao longo de sua trajetória, o Teatro da Vertigem já realizou mais de quinze trabalhos teatrais. O grupo é um dos responsáveis por promover importantes renovações no teatro brasileiro. Notabilizou-se, entre outras inovações, por investigar a possibilidade de encenar suas peças fora do espaço das salas de teatro convencionais.

Além do Rio Tietê que, como vimos na página anterior, foi palco da peça *BR-3*, em 2006-2007, há outros exemplos de espaços alternativos pesquisados e escolhidos pelos integrantes do Teatro da Vertigem para suas apresentações, como o interior de uma igreja, um hospital abandonado, um presídio desativado e a fachada de vidro de um prédio em construção. Veja a foto reproduzida a seguir.

Os atores Sérgio Pardal e Denise Janoski, do Teatro da Vertigem, em ensaio do espetáculo *Kastelo*, em São Paulo (SP), em 2009.

As propostas inovadoras fizeram do Teatro da Vertigem uma referência nacional e internacional de teatro contemporâneo e levaram o grupo a receber diversos prêmios por suas produções.

PARA ACESSAR

- **Teatro da Vertigem**. Disponível em: <https://www.teatrodavertigem.com.br>. Acesso em: 7 out. 2018.

  Na página oficial do Teatro da Vertigem, é possível conhecer um pouco mais sobre o histórico do grupo e acessar fotos dos seus espetáculos.

TEMA 1

NOVOS ESPAÇOS

O ESPAÇO TEATRAL

Desde os tempos mais antigos, os espetáculos teatrais são realizados em espaços construídos especialmente para eles. Na Grécia antiga, por exemplo, o espaço teatral era uma área ampla onde se apresentavam os espetáculos que envolviam teatro, dança e música. As apresentações eram acompanhadas por um grande número de pessoas.

O TEATRO DE EPIDAURO

Os espaços teatrais dos gregos antigos eram construídos na encosta de colinas e apresentavam formato semicircular ou, como o conhecemos no teatro, a **semiarena**.

Veja, a seguir, uma foto do Teatro de Epidauro, espaço construído em fins do século IV a.C.

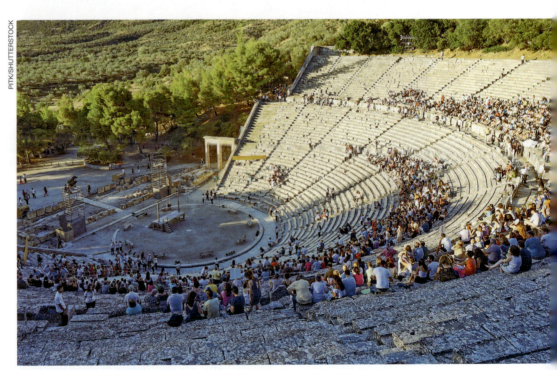

Teatro de Epidauro, na Grécia. Foto de 2016.

O Teatro de Epidauro acomoda cerca de 12 mil pessoas em 55 fileiras de assentos esculpidos em pedra, que são dispostas em degraus. Na Antiguidade, 21 fileiras eram destinadas aos cidadãos e 34 aos sacerdotes e governantes.

ORQUESTRA

A arena circular no centro da construção é chamada **orquestra**. Era nesse espaço que os coros ficavam e as danças eram apresentadas. O piso dessa área era de terra batida ou revestido de pedra. Vale lembrar que, na Grécia antiga, os espetáculos teatrais também envolviam dança e música.

Veja o detalhe reproduzido ao lado.

LOCAL DA ENCENAÇÃO

Nos espaços teatrais da Grécia antiga, as encenações ocorriam no **proscênio**, espaço elevado localizado atrás da orquestra. Nesse local, os atores podiam ser vistos e ouvidos por todos os espectadores. Atrás do proscênio ficava a *skene*, onde os atores trocavam de roupa.

Veja o detalhe reproduzido ao lado.

Detalhes do Teatro de Epidauro, na Grécia. Fotos de 2016.

ACÚSTICA

Embora o Teatro de Epidauro não seja coberto, a propagação do som no local é muito boa. Por essa razão, afirma-se que sua acústica é perfeita. O modelo de construção do teatro torna possível ouvir perfeitamente os sons mesmo estando em uma fileira da arquibancada mais ao fundo. As máscaras também tinham um papel fundamental na acústica dos espetáculos gregos, uma vez que amplificavam e direcionavam o som da voz dos atores.

Acústica: qualidade de um local do ponto de vista da propagação do som.

ATIVIDADE PRÁTICA

- Você vai realizar uma atividade a fim de entender o conceito de **acústica**.

    a) Reúna-se com os colegas na sala de aula formando uma "plateia". O professor vai escolher um dos alunos para se posicionar à frente do grupo e ler um pequeno texto sem alterar a voz ou fazer qualquer esforço para falar. Depois, comentem: os alunos da plateia conseguiram escutar bem a leitura do texto? O leitor acha que todos o ouviram bem?

    b) Com as orientações do professor, dirijam-se à quadra de esportes ou outra área da escola que seja ampla e descoberta. Repitam essa atividade. Depois, comentem: o resultado foi o mesmo? Em caso negativo, o que mudou?

    c) Caso haja um teatro na escola, façam essa mesma atividade no teatro.

    d) Depois, organizem-se em uma roda e comentem como foi a experiência de fazer essa atividade: em que espaços houve menos dificuldade para a audição do texto? Como foram as vivências de leitura e de audição do texto?

AS PRAÇAS COMO PALCO

Na Idade Média, a Igreja católica influenciava profundamente o modo de pensar e de agir das pessoas. De acordo com as crenças da Igreja, atividades como a dança, o teatro e a música – que antes integravam os rituais sagrados dos gregos e dos romanos – estavam vinculadas ao pecado, e muitas vezes eram proibidas nas igrejas e nas cerimônias religiosas.

Apesar dessas restrições, o teatro não deixou de existir, e os espetáculos ganharam as praças públicas, instalando tablados em torno dos quais se reunia a plateia.

Com o tempo, a Igreja católica passou a utilizar o teatro para difundir os valores cristãos. Assim, surgiram, por exemplo, os autos teatrais, peças que traziam a representação de episódios da Bíblia e da vida dos santos. Os autos eram encenados como em uma procissão, e eram criadas plataformas que funcionavam como estações pelas quais o público passava para acompanhar a história.

Ainda assim, fosse na rua ou na praça, as apresentações teatrais contavam com espaços específicos para a apresentação, que funcionavam como uma espécie de palco.

Essa situação é retratada na pintura reproduzida a seguir.

O antigo mercado de cavalos de Bruxelas (com teatro de rua), c. 1666, de Adam Frans van der Meulen. Óleo sobre tela, 104 × 71 cm. Coleções Principescas, Palácio Liechtenstein, Viena, Áustria.

O PALCO ITALIANO

Durante o Renascimento, foi instituída a ideia de um edifício teatral propriamente dito. Esse edifício acabou se tornando uma das principais convenções teatrais: o **palco italiano**. Esse modelo de espaço teatral se caracteriza pela disposição frontal de palco e plateia que forma uma caixa cênica que delimita uma espécie de **quarta parede** imaginária.

Durante alguns séculos, os atores eram instruídos a não romper jamais a barreira que os separava do público, evitando sistematicamente olhar diretamente para a plateia. Fazendo isso, os atores agem como se a plateia não estivesse presente. Essa forma de interpretar influencia até hoje inclusive a produção de filmes e telenovelas. É muito raro ver, em filmes de ficção, atores se dirigindo diretamente ao ponto de vista da câmera, o que é uma herança da quarta parede teatral.

O palco italiano é ainda o mais adotado no teatro ocidental e, possivelmente, o primeiro que vem à nossa cabeça quando pensamos em espaço teatral.

Interior de teatro localizado em Novo Hamburgo (RS). Foto de 2012. Note, ao fundo, o palco em estilo italiano.

Na atualidade, os grupos de teatro contemporâneo têm buscado estabelecer novas relações com o espaço, construindo possibilidades que vão além das convenções do palco italiano. Esses grupos rompem, por exemplo, com a disposição frontal tradicional e promovem a aproximação entre atores e público. Essa é a proposta, por exemplo, do Teatro da Vertigem no espetáculo retratado na abertura desta Unidade.

ESPAÇOS NÃO CONVENCIONAIS

Ao analisar a foto de abertura desta Unidade, você pôde observar que o Teatro da Vertigem realizou uma de suas peças em um rio de grande extensão, e essa não foi uma escolha fácil. Para contar a história nesse lugar, o grupo teve de criar soluções para uma série de dificuldades, como o deslocamento dos atores e, principalmente, o deslocamento do público. Para assistir ao espetáculo *BR-3*, os espectadores entravam em uma embarcação que foi adaptada para funcionar como uma arquibancada flutuante e acompanhavam as cenas que aconteciam nas margens do rio e em outros barcos.

Essas dificuldades fizeram com que o grupo inventasse novas formas de representar as personagens, escrever os textos e criar os cenários, indo além das fronteiras conhecidas do teatro. Essa é uma das características mais marcantes do Teatro da Vertigem, que, desde sua criação, optou por encenar seus espetáculos em **espaços não convencionais**.

As fotos desta página mostram cenas do espetáculo *O paraíso perdido*, encenado no interior de uma igreja.

A atriz Luciana Schwinden em cena do espetáculo *O paraíso perdido*, do Teatro da Vertigem, no interior de uma igreja em Belo Horizonte (MG), em 2004.

Cena do espetáculo *O paraíso perdido* do Teatro da Vertigem, realizado no interior de uma igreja em Belo Horizonte (MG), em 2004.

OUTRAS EXPERIÊNCIAS

Gaia Mother Tree

Em 2018, o artista brasileiro Ernesto Neto ocupou uma grande área da estação ferroviária central de Zurique, na Suíça, com a instalação *Gaia Mother Tree*. Essa obra, que tem quase 20 metros de altura, faz referência a uma grande árvore e se estende do chão ao teto. Produzida com a ajuda de membros da etnia Huni Kuin (Kaxinawá), comunidade indígena que vive na fronteira entre o Brasil e o Peru, *Gaia Mother Tree* foi inteiramente feita à mão, e o material utilizado foram tiras de algodão orgânico. Observe a foto reproduzida a seguir.

Gaia Mother Tree (2018), de Ernesto Neto. Instalação, tiras de algodão orgânico, 20 m de altura. Estação Central de Zurique, Suíça.

Na base da obra há um espaço onde mais de meio milhão de pessoas que passam pela estação diariamente podem circular e descansar. Há, também, elementos em forma de gota recheados com especiarias aromáticas e folhas secas.

- Como a obra *Gaia Mother Tree* se relaciona com as obras visuais que conhecemos na Unidade 2?

ALÉM DOS CRAVOS

Outro espetáculo que explora a potência dos espaços não convencionais para contar sua história é a peça *Além dos cravos*, do EmFoco Grupo de Teatro. Veja, a seguir, algumas imagens desse espetáculo e descubra onde o grupo decidiu encená-lo.

Os atores Mário Filho (primeira foto), Lyvia Marianne e Dyhego Martins (segunda foto), do EmFoco Grupo de Teatro, em cenas do espetáculo *Além dos cravos*, realizado em um cemitério de São Paulo (SP). Fotos de 2015.

A peça *Além dos cravos* teve como espaço de realização cemitérios do Brasil todo e foi criada a partir de referências históricas e culturais do cemitério São João Batista, em Fortaleza, no Ceará. A narrativa da peça trabalha elementos ligados à tensão entre vida e morte no espaço dos cemitérios, buscando ressaltar a beleza e o lirismo que esse contraste pode conter.

O ARTISTA E SUA OBRA

EmFoco Grupo de Teatro

O EmFoco Grupo de Teatro foi criado em 2009, na cidade de Fortaleza (CE), por alunos do curso de Teatro do Instituto Federal de Educação, Ciência e Tecnologia do Ceará (IFCE). O grupo destaca em seus trabalhos o uso do espaço não convencional, a interação com o público e as interseções como a *performance*, manifestação artística que você conheceu na Unidade 2.

O primeiro espetáculo realizado pelo EmFoco Grupo de Teatro foi *Preciso dizer que te amo*, em 2009, peça que propõe um diálogo entre a linguagem teatral e elementos da dança, da música e da poesia.

Em 2014, o grupo estreou o espetáculo *Price World ou Sociedade a preço de banana*. Essa peça tem como principal objetivo promover a reflexão a respeito do consumo desenfreado característico do mundo na atualidade. A encenação desse espetáculo acontece no interior de um ônibus e nas ruas. Veja as fotos reproduzidas a seguir.

Nas fotos, dois momentos de apresentação da peça *Price World ou Sociedade a preço de banana*, do EmFoco Grupo de Teatro. Na primeira foto, a atriz Marcelle Louzada em cena no interior de um ônibus que circula pelas ruas de Fortaleza (CE); na segunda, os atores Marcelle Louzada, Gabriel Matos e Dyhego Martins se apresentam em uma rua de Fortaleza (CE). Fotos de 2014.

A CIDADE COMO PALCO

Os trabalhos do Teatro da Vertigem e do EmFoco Grupo de Teatro têm como palco de seus espetáculos não apenas os espaços alternativos, mas também as ruas das cidades. No entanto, na perspectiva desses e de outros grupos de artistas contemporâneos, a rua não é apenas um espaço em que o público se reúne espontaneamente em torno do tablado ou da arena onde a peça se passa. Ao contrário, a rua é palco e também cenário do espetáculo, ajudando a contar a história da peça.

Esse também é o caso do espetáculo *Todas as ruas têm nome de homem*, da companhia capixaba Confraria de Teatro. Nessa peça, o elenco de quatro mulheres apresenta as cenas em espaços públicos e privados da cidade, convidando o público a caminhar pelas ruas e a olhar o entorno e conhecer a vida e a história de outras mulheres que viveram em diferentes épocas entre 1930 e 2016.

São três histórias conduzidas por uma narradora que esqueceu o próprio nome, mas luta para que os nomes de outras mulheres não sejam esquecidos. O público deve decidir qual caminho percorrer e, com isso, qual história vai conhecer. Juntas, as narrativas de cada personagem problematizam a presença da mulher na cidade, tendo as ruas não apenas como cenário, mas como espaço real no qual diariamente a violência contra a mulher persiste.

Composta das atrizes Luana Eva, Luciene Camargo, Ludmila Porto e Thiara Pagani, a Confraria de Teatro surgiu em 2012 com a ideia de desenvolver trabalhos coletivos e em espaços não convencionais.

No início de 2016, as atrizes da Confraria pesquisaram os dados do Mapa da Violência relativos à violência contra mulheres no Brasil e, com base nisso, decidiram criar essa peça. Para tanto, visitaram presídios, asilos e conversaram com outras mulheres nas ruas para reunir histórias que pudessem ajudar a criar a narrativa das personagens do espetáculo *Todas as ruas têm nome de homem*.

As atrizes Luciene Camargo, Ludmila Porto, Luana Eva e Thiara Pagani, da Confraria de Teatro, apresentam o espetáculo *Todas as ruas têm nome de homem*, em Vitória (ES), em 2016.

ATIVIDADE

- Observe as duas imagens do espetáculo *Todas as ruas têm nome de homem*. Depois, responda às questões.

Nas fotos, duas cenas do espetáculo *Todas as ruas têm nome de homem*, da Confraria de Teatro, em Vitória (ES), em 2016.

a) Em que lugares as duas cenas ocorrem?

_____

b) Há uma proposta de interação com o espaço? Em caso afirmativo, qual?

_____

_____

_____

c) De que modo a arquitetura e a topografia do espaço interferem no trabalho das atrizes?

_____

_____

UM ESPETÁCULO ITINERANTE

Outro grupo que desenvolve projetos que têm as ruas como palco é o Coletivo Teatral Sala Preta, de Barra Mansa (RJ). Em 2010, o grupo estreou *Nasce uma cidade*, espetáculo que ocupou as ruas e os prédios públicos de Barra Mansa, resgatando suas raízes culturais e investigando seu patrimônio histórico imaterial.

Mais do que um espetáculo, *Nasce uma cidade* é um acontecimento cívico, que percorre as ruas da cidade em um desfile cênico, envolvendo artistas e cidadãos do município do interior do estado do Rio de Janeiro.

Nesse projeto, o coletivo pesquisou a história de fundação de Barra Mansa e ocupou as ruas e prédios públicos, resgatando suas raízes culturais e investigando seu patrimônio histórico material e imaterial. Nessa atividade de resgate, o grupo buscou acompanhar as contradições sociais presentes na cidade, evitando direcionar o olhar para apenas os acontecimentos agradáveis – ou para os desagradáveis – da história do município.

As apresentações da primeira edição do projeto, em 2010, mobilizaram mais de 400 pessoas, entre artistas, técnicos, amadores, estudantes e colaboradores. Nessa grande celebração, os figurinos e adereços cumprem papel fundamental, trazendo as referências da cultura popular e juntando-se à silhueta da cidade para reviver acontecimentos marcantes e promover uma experiência itinerante, similar à do teatro medieval. A rua também é o elemento central de *Saga nordestina*, espetáculo do Coletivo Sala Preta realizado em 2010. Essa peça homenageia três ícones da cultura nordestina: os músicos Jackson do Pandeiro (1919-1982), Luiz Gonzaga (1912-1989) e Dominguinhos (1941-2013).

Apresentação do espetáculo *Nasce uma cidade*, do Coletivo Teatral Sala Preta, em Barra Mansa (RJ), em 2010.

Apresentação do espetáculo *Saga nordestina*, do Coletivo Teatral Sala Preta, em Barra Mansa (RJ), em 2011.

Artistas de rua: estátua viva

É cada vez mais comum encontrarmos artistas representando estátuas nas ruas das cidades. Essa atividade é um tipo de ação cênica em que o artista, chamado **estátua viva**, utiliza expressões corporais e faciais e elementos cenográficos, como figurinos e maquiagem. Você já assistiu a alguma apresentação de estátua viva? Em caso afirmativo, comente essa experiência com seus colegas.

O artista de rua Antônio Carlos Silva, o Azerutan, caracterizado como Fernando Pessoa, em São Paulo (SP), 2010.

Nessas apresentações, os artistas permanecem parados por um longo período com posturas expressivas. Em geral, eles criam posições "congeladas". Em alguns momentos, no entanto, realizam movimentos sutis com a intenção de causar surpresa nos espectadores.

Observe, nas fotos desta página, o ator Azerutan se caracterizando para atuar como estátua viva e interpretando a personagem Fernando Pessoa.

Azerutan caracteriza-se como Fernando Pessoa. São Paulo (SP), 2010.

ATIVIDADE PRÁTICA

- Agora que você conheceu a trajetória de alguns grupos teatrais e seus princípios de trabalho em espaços não convencionais, é a sua vez de viver essa experiência.

   a) Reúna-se em dupla com um colega e siga as orientações do professor para realizar uma caminhada pela escola. Você será guiado pelo colega enquanto caminha de olhos fechados. Só quando o colega apertar sua mão, você piscará os olhos, como se fosse uma máquina fotográfica. Você deve memorizar esse lugar para descrevê-lo depois.

   b) Em seguida, troque de papel com o colega. Se você guiou, agora deve ser guiado. É importante conduzir o colega por lugares que ainda não foram visitados por vocês, de preferência lugares inusitados da escola.

   c) Após a caminhada, retornem à sala de aula e façam abaixo o registro dos lugares visitados. A forma desse registro é livre: você pode desenhar ou descrever esses espaços em um texto.

   d) Selecionem um dos espaços que vocês visitaram e façam uma lista das características físicas dele, por exemplo: escadas, paredes, colunas, quantidade de luzes, balcões etc.

   e) Criem uma cena que se relacione com esse espaço. Evitem construir uma história em que o espaço é utilizado de maneira literal, como, por exemplo, se fosse proposta "uma refeição no refeitório". O foco dessa história deve estar no uso inesperado desse espaço e na abordagem das possibilidades que ele oferece como arquitetura e como topografia. Para facilitar a construção da cena, definam as personagens que cada um de vocês vai representar.

   f) No dia agendado pelo professor, apresentem a cena. Vocês podem utilizar outros elementos para compor o espaço, como pequenos objetos, tecidos, figurinos e músicas. Atenção: não se esqueçam de definir de onde os espectadores deverão assistir à cena – não é necessário que se estabeleça uma relação de palco e plateia. Vocês podem, por exemplo, solicitar que o público veja a cena a distância, de cima, de lado etc.

   g) Após as apresentações, sigam as orientações do professor e conversem sobre os desafios e as descobertas dessa atividade.

TEMA 2 — A PARTICIPAÇÃO DO ESPECTADOR

UMA EXPERIÊNCIA DE CONVÍVIO

Artistas das mais diferentes linguagens têm buscado renovar as formas de relação com seus espectadores. Muito além de se sentar e assistir a um espetáculo, por exemplo, o público é convidado a participar, interagir e atuar. Na Unidade 2, por exemplo, você conheceu obras visuais que convidam o público à interação.

Uma forma de participação do público em espetáculos teatrais são as **peças conviviais**, que convidam o público a participar e a interagir com os atores, muitas vezes entrando em cena também. É o que acontece no espetáculo *Fauna*, da companhia Quatroloscinco – Teatro do Comum. Veja a foto reproduzida nesta página.

Na peça *Fauna*, o texto funciona como um roteiro e os atores avisam o público de que sua participação é desejada, que os espectadores têm liberdade para se sentarem onde quiserem, trocar de lugares, falar durante a peça.

Tudo começa com o pedido ao público para que todos tirem os sapatos antes de entrar no local da apresentação. Lá instalados, em meio a momentos ensaiados, acontecem situações nas quais o público conversa diretamente com os atores. Na peça Fauna, o público participa da ação construindo a cenografia e interferindo diretamente no espaço em que a cena se passa.

Os atores Marcos Coletta (deitado) e Assis Benevenuto em cena do espetáculo *Fauna*, da companhia Quatroloscinco – Teatro do Comum, em Belo Horizonte (MG), 2016.

UM ESPETÁCULO-ENCONTRO

A proximidade entre os atores e o público é uma marca da peça *Fauna*, que cria uma dinâmica de intimidade que abre espaço para que a conversa aconteça. Os temas tratados em *Fauna* são atuais, e os atores não representam propriamente personagens, mas se apresentam como atores que desejam partilhar seu tempo e espaço em um **espetáculo-encontro**.

Veja a foto reproduzida a seguir, que mostra uma espectadora conversando com um dos atores. Observe que a iluminação coloca um foco sobre a dupla, criando uma atmosfera teatral para esse encontro.

O ator Marcos Coletta conversa com espectadora em cena do espetáculo *Fauna*, da companhia Quatroloscinco - Teatro do Comum, em Belo Horizonte (MG), 2016.

A ideia é provocar nos espectadores a percepção de que eles também podem agir e de que o teatro não é só um lugar de ouvir histórias, mas também de construir histórias. Convidar as pessoas que vão assistir à peça a contribuir com essa construção é um dos interesses dos grupos de teatro que trabalham com essa proximidade com o público. Estratégias como essa têm a função de romper a barreira que o público costuma apresentar em relação à sua participação na cena, que não é fruto apenas da timidez ou da falta de familiaridade de grande parte das pessoas com essa espécie de proposta, mas também das convenções das salas de espetáculo, que tradicionalmente exigem que o público se cale e se mantenha passivo enquanto assiste às apresentações teatrais.

A PROPOSTA DO QUATROLOSCINCO

O Quatroloscinco – Teatro do Comum é uma companhia mineira que, desde 2007, investiga práticas coletivas de criação. Seus espetáculos propõem diferentes formas de relação com o espectador e privilegiam a liberdade do ator em detrimento da execução estrita do planejamento da peça, pois, em cena, mais do que contar uma história, é ele quem se encontra com o público para discutir um tema.

Integrantes do Quatroloscinco – Teatro do Comum. Da esquerda para direita, Ítalo Laureano, Marcos Coletta, Maria Mourão, Rejane Faria e Assis Benevenuto. Foto de 2017.

ATIVIDADE PRÁTICA

- Nesta atividade, você vai se reunir com um colega e seguir as orientações do professor para realizar um exercício cênico.

    a) Cada componente da dupla deve falar para seu parceiro durante três minutos sobre o tema sugerido pelo professor, sem interrupções. Aquele que ouve e observa deve atentar para o modo de falar de seu colega: entonação, trejeitos, movimento das mãos, volume de voz, momentos emocionantes da narrativa.

    b) Após o momento de conversa entre as duplas, todos os alunos devem formar uma roda. Um a um, todos apresentam a narrativa de seu colega, falando em terceira pessoa, mas tentando reproduzir com o corpo os movimentos e as características do colega observado.

    c) Ao término das apresentações, conversem sobre a experiência.

OUTRAS EXPERIÊNCIAS

Coreológicas Ludus

A foto reproduzida nesta página é de uma cena de *Coreológicas Ludus*, espetáculo de dança concebido e criado pelo Caleidos Cia. de Dança, de São Paulo (SP). A companhia foi fundada em 1996 e é dirigida pela coreógrafa Isabel Marques e pelo dramaturgo Fábio Brazil. O trabalho dessa companhia de dança teve início com um projeto de dança contemporânea desenvolvido por Isabel Marques nas escolas públicas. Com o tempo, o grupo passou a desenvolver suas propostas – que envolvem educação, poesia e dança – também fora do ambiente escolar.

O espetáculo *Coreológicas Ludus* é interativo, ou seja, caracteriza-se pela participação das pessoas que assistem à apresentação. Essas pessoas são convidadas a participar da encenação, interagindo com os artistas sem copiá-los, mas sim criando movimentos e complementando as cenas propostas. Observe a foto a seguir.

Criança participa de apresentação do espetáculo *Coreológicas Ludus*, da Caleidos Cia. de Dança, com a dançarina Renata Baima, em São Paulo (SP), 2009.

- Você já assistiu a alguma peça que convidava o público a participar? Como você se sentiu? Em sua opinião, por que os artistas produzem espetáculos de teatro e de dança que contam com a participação do público? Converse com os colegas sobre o assunto e registre seu ponto de vista.

_____
_____
_____
_____

PARTICIPAÇÃO E DIVERSÃO

Você já foi a um estádio de futebol? Qual é a sensação de ver dois times jogando e torcer por um deles?

O **teatro-esporte** é uma modalidade de teatro que vem sendo explorada na atualidade e apresenta uma estrutura bastante parecida com um "jogo de bola": dois times de atores disputam, no palco, a preferência da plateia em suas "jogadas". São atores improvisadores que, sem um texto programado ou um roteiro combinado, precisam ter muito jogo de cintura e pensamento ágil para criar situações interessantes. Mas o maior desafio dessa modalidade teatral está na participação do público: os espectadores sugerem temas e histórias para as improvisações e, depois, votam e escolhem qual é a cena de sua preferência. Diferentemente de outras experiências teatrais, nessa proposta o público também cria a peça.

Uma das companhias mais conhecidas de teatro-esporte no Brasil é a Cia. do Quintal. Seu surgimento está diretamente ligado a duas paixões de seus fundadores: o palhaço e a improvisação.

Elenco do espetáculo *Jogando no quintal*, da Cia. do Quintal, em São Paulo (SP). Foto de 2010.

- Discuta com os colegas e o professor sobre quais são as vantagens e as desvantagens do uso da estrutura competitiva de jogo de futebol para a realização da peça improvisada *Jogando no quintal*.

JOGANDO NO QUINTAL

As fotos desta página mostram cenas de *Jogando no quintal*, espetáculo de improvisação de palhaços com uma estrutura semelhante à de um jogo de futebol: dois times, um juiz e uma plateia que participa ativamente na criação das cenas, sugerindo os temas e dando o seu voto para definir o placar do jogo. O espetáculo conta com uma banda que toca ao vivo, criando os sons e a trilha para as cenas no momento em que elas acontecem.

Os atores César Gouvea e Marcio Ballas em cena do espetáculo *Jogando no quintal*, em São Paulo (SP), em 2010.

Times laranja e azul em cena do espetáculo *Jogando no quintal*, em São Paulo (SP), em 2010.

No espetáculo *Jogando no quintal*, a participação do público é bastante efetiva, não como atuante em cena, mas como autor da própria peça. Sem um roteiro ou texto definido, o espetáculo é mesmo um grande jogo, como uma sequência de cenas improvisadas a partir de sugestões do público. Portanto, o espectador se torna corresponsável pela ação em cena, pois pode sugerir temas mais ou menos estimulantes. Além disso, a torcida durante o espetáculo e a votação de qual dos times teve melhor desempenho conduzem o ritmo da apresentação, de forma que cada espetáculo é único.

A IMPROVISAÇÃO

A improvisação é uma metodologia de criação teatral muito utilizada em processos de construção de espetáculos, seja para a elaboração de textos, seja para o treinamento dos atores. Nesses casos, alguns dos resultados de improvisações feitas em momentos de ensaio são aproveitados na construção do espetáculo, mas as apresentações seguem uma forma já ensaiada. Nos espetáculos de teatro-esporte, a improvisação ocupa um lugar diferente: ela não é um meio para chegar a alguma outra coisa, mas é, em si mesma, o próprio espetáculo.

Para tanto, as improvisações são experiências teatrais desenvolvidas com base em regras que delimitam um foco de criação para o ator-improvisador: a ênfase nas possibilidades de cenas que podem vir a formar a história, em uma temática para uma cena em particular, em estilos de representação, na criação de personagens e em outros elementos que venham a fazer parte da peça. Mas, entre as regras que se apresentam como um desafio a ser superado no jogo, há uma regra de ouro: em toda e qualquer improvisação, é imprescindível a aceitação das ideias dos parceiros de cena. Só é possível desenvolver uma cena improvisada quando os jogadores que participam não bloqueiam as propostas dos colegas de jogo, mas, antes, aceitam suas propostas e as desenvolvem.

Outro grupo brasileiro que se dedica à improvisação é o Antropofocus, de Curitiba (PR). A foto reproduzida a seguir mostra uma cena de *Improfocus*, espetáculo de improvisação criado por esse grupo.

Atores do Antropofocus no espetáculo *Improfocus*, em Curitiba (PR), 2011. Da esquerda para a direita, Anne Celli, Danilo Correia, Marcelo Rodrigues e Jairo Bankhardt.

O ARTISTA E SUA OBRA

Antropofocus

Os atores Andrei Moscheto, Marcelo Rodrigues, Edran Mariano, Ane Celli, Kauê Persona e Jairo Bankhardt, do grupo Antropofocus, em apresentação da peça *Histórias extraordinéditas*, em Curitiba (PR), em 2015.

O grupo Antropofocus foi formado no ano 2000, a partir da reunião de estudantes de Artes Cênicas da Faculdade de Artes do Paraná (da Universidade Estadual do Paraná) com o objetivo de elaborar sua própria linguagem cômica. Desde então, esse grupo de artistas vem se dedicando ao universo da comédia, tendo viajado o país com espetáculos autorais, muitos deles de cenas curtas resultantes de improvisações na sala de ensaio.

A improvisação em cena aberta também foi um recurso bastante utilizado pelo grupo. Já em seu espetáculo de estreia, *Amores & sacanagens urbanas*, em 2000, os atores criavam momentos de interação com os espectadores, improvisando suas falas e ações a partir das relações que surgissem no momento.

Foi após uma viagem a outro país que a improvisação se tornou uma das principais linguagens do grupo. Desejando apresentar espetáculos de improviso diferentes dos humorísticos televisivos, o Antropofocus foi estudar com um dos fundadores do teatro de improvisação moderno, o inglês Keith Johnstone. A partir da experiência com Johnstone surgiram *Improfocus* e *RESTA 1*.

Em *Improfocus*, a plateia constrói o humor junto com os atores, que buscam estimular a sugestão de temas atuais e da ocasião.

Já *RESTA 1* é um espetáculo em formato de jogo, criado pelo próprio Keith Johnstone e que o grupo Antropofocus trouxe para o Brasil. Nessa proposta, dez atores-improvisadores dividem o palco com dois diretores, que vão construindo as cenas durante as improvisações. Ao final de cada improvisação, o público vota para determinar quem será eliminado, até que reste apenas um.

ATIVIDADE PRÁTICA

- Agora que você já conhece algumas práticas de participação da plateia na construção de cenas teatrais e alguns exemplos de jogos e improvisações, é a sua vez de se aventurar.

1. **Para aquecer**

   a) Neste jogo vocês poderão falar, mas o objeto imaginário deverá ser manipulado. Por exemplo: o primeiro jogador manipula o ar como se segurasse um chapéu; pode, até mesmo, colocá-lo na cabeça; o segundo jogador pega o chapéu imaginário e faz gestos de quem sente o seu perfume; na sequência da roda, o terceiro jogador pega o chapéu e encontra sua etiqueta, onde consta o preço do chapéu. E assim por diante. Seguindo a orientação do professor, organizem-se em roda e indiquem um colega para começar esta atividade. Ele irá propor um objeto imaginário, que ficará no centro do círculo. Um a um, acrescentem características a esse objeto.

   b) Sejam rigorosos com a regra "aceitar as ideias do parceiro". Retomando o exemplo: se um colega encontrou a etiqueta e disse que o chapéu era caro, outro componente do grupo não poderá dizer que é um chapéu barato.

2. **Jogo do alfabeto**

   a) Sob a orientação do professor, sentem-se em roda para contar coletivamente uma história em que cada frase começa com uma das letras do alfabeto. Decidam em conjunto quem vai iniciar.

   b) Cada jogador acrescenta uma frase à história.

   c) As frases devem respeitar a sequência do alfabeto. Sigam as orientações do professor para definir o tema da história.

   d) Após definir o tema, o primeiro jogador inicia sua frase com a letra **A**. O segundo jogador continua a história, iniciando sua frase com a letra **B**, e assim sucessivamente, até que a história termine com o último jogador. Caso haja mais alunos do que letras do alfabeto, a história continua, mas a sequência de letras se reinicia.

3. **A plateia faz o som**

   a) Dois jogadores se colocam na área de cena e alguém da plateia sugere um tema de improvisação.

   b) Um voluntário da plateia deverá fazer os sons da cena de acordo com as situações que estão sendo improvisadas. Por exemplo, na improvisação, um dos jogadores abre uma porta. O voluntário da plateia pode fazer o som do ranger de porta se abrindo.

   c) Os jogadores devem estar muito atentos aos sons feitos pela plateia, para que continuem a improvisação a partir do estímulo que veio de fora e para que criem situações que possam ser sonorizadas.

4. **Dramaturgia em processo**

   a) Dois jogadores entram na área de cena. A plateia sugere um tema.

   b) No decorrer do jogo, a plateia construirá a cena com os jogadores seguindo as orientações do professor.

   c) A cada trinta segundos, o professor congelará a cena. Os dois jogadores deverão permanecer parados na mesma posição em que estavam quando o professor indicou a pausa. Então, alguém da plateia sugere uma continuidade para a cena. O professor indica que a cena será retomada e a sugestão da plateia deve ser incorporada à improvisação.

   d) As sugestões devem ser simples, objetivas e podem tanto se direcionar a uma personagem quanto a outra, ou a ambas. Por exemplo: o tema sugerido para improvisação é uma entrevista de emprego. Os jogadores assumem seus papéis: um será o entrevistador e o outro, o entrevistado. A cena acontece até que o professor indique a pausa. Alguém da plateia sugere "a sala de entrevistas está muito quente". A cena então é retomada e os jogadores passam a agir de acordo com a sugestão.

5. **Avaliação**

   Depois de realizada toda a sequência de jogos, continue em roda com os colegas e, seguindo as orientações do professor, conversem sobre o trabalho prático. Nesse momento, é importante falar das dificuldades, dos desafios e das conquistas alcançadas durante as improvisações.

TEMA 3

PROCESSOS DE CRIAÇÃO COMPARTILHADA

TEATRO DE GRUPO

Imagine que você vá entrar em uma sala de ensaio de um grupo de teatro. O que acha que vai encontrar? Talvez espere encontrar um grupo de atores envolvidos na leitura de um texto, decorando falas e pensando em como encenarão o texto. Mas será que é sempre assim?

Grupo de teatro amador Teatrando em ensaio da peça *O poeta, as musas e a poesia perdida*, em São Paulo (SP), 2018. Da esquerda para a direita as atrizes Adriana Delgado, Carla de Oliveira, Carolina Xavier e Bii Toledo; de costas a diretora Cristina de Oliveira.

Relembre os grupos teatrais que estudamos nos Temas anteriores desta Unidade. Será que é assim que eles trabalham?

Como você viu, muitos grupos teatrais da atualidade abordam assuntos diretamente ligados à realidade dos lugares e do contexto histórico em que vivem. Mesmo que textos já existentes tratem desses assuntos, a maioria desses grupos opta por outra forma de trabalho: uma escrita dramatúrgica em processo. Os grupos Teatro da Vertigem e Confraria de Teatro, por exemplo, criam os textos de suas peças na sala de ensaio, durante o processo de pesquisa e criação cênica, com a participação de todos os envolvidos no processo.

Esse modo de criação começou a ser disseminado por volta de 1960, quando se fortaleceu uma ideia de teatro de grupo, e os artistas passaram a se preocupar com dinâmicas coletivas de criação. Foi assim que, na década de 1990, diversos grupos adotaram um novo modo de trabalho: o **processo colaborativo**.

O PROCESSO COLABORATIVO

A palavra **processo**, na criação artística, diz respeito a todas as etapas da criação de um espetáculo: desde a ideia ou o desejo de falar sobre um tema, passando pela pesquisa, por aulas, treinamentos, ensaios, até a escrita do texto, composição da trilha e bate-papo com o público depois das apresentações.

No **processo colaborativo**, a criação acontece em um longo período de encontros, em que a pesquisa, os treinamentos, a discussão sobre temas e as improvisações são muito importantes e constituem o cerne da criação teatral. Nesse modelo de criação, o texto não está escrito previamente, nem o diretor é mais importante que outros membros da equipe. Todos compartilham os seus saberes, as suas ideias, fazem propostas, improvisam cenas e, assim, colaboram uns com os outros até chegar à montagem.

Mas isso não quer dizer que todo mundo faz tudo. Nos processos colaborativos estão mantidas as diferentes funções. Preservam-se papéis como o do diretor, dos atores, do dramaturgo, mas no cotidiano do grupo um não é mais importante que o outro. Cada artista responde pela sua área, mas todos colaboram entre si e se veem como igualmente responsáveis pela obra teatral criada pelo grupo. O dramaturgo é quem dá a palavra final sobre o texto, mas, antes disso, analisa as sugestões e proposições dos outros integrantes do grupo.

O encenador Antônio Araújo – um dos fundadores do Teatro da Vertigem – e o dramaturgo Luís Alberto de Abreu estão entre os precursores do processo colaborativo no Brasil.

Veja no vídeo indicado ao lado como acontece o processo colaborativo no Grupo Teco.

O dramaturgo Luís Alberto de Abreu, em foto de 2013.

Cerne: parte essencial, centro.

O processo colaborativo no Grupo Teco

Nessa entrevista, os integrantes do Grupo Teco contam sobre as etapas de produção dos espetáculos, passando por leituras dramáticas e ensaios. Disponível em <http://mod.lk/aa9u3t3a>.

O encenador Antônio Araújo, em foto de 2011.

A CIA. SÃO JORGE DE VARIEDADES

A foto reproduzida nesta página é do espetáculo *Barafonda*, de 2012, da Cia. São Jorge de Variedades, que tinha as ruas do bairro da Barra Funda, em São Paulo (SP), como cenário, palco e tema. Além da história do bairro, *Barafonda* trazia elementos das tragédias gregas *Prometeu acorrentado* (c. 450 a.C.) e *As bacantes* (c. 405 a.C.).

Durante as apresentações de *Barafonda*, 25 atores e quatro músicos percorriam quase dois quilômetros. Os principais elementos cenográficos do espetáculo eram os figurinos dos atores e dois pequenos carros alegóricos que acompanhavam o grupo. Durante as apresentações, moradores das proximidades se tornavam espectadores e até atores. Desse modo, o teatro se misturava à vida do bairro.

Apresentação do espetáculo *Barafonda*, da Cia. São Jorge de Variedades, no bairro da Barra Funda, São Paulo (SP), em 2012.

A Cia. São Jorge de Variedades é um exemplo de grupo teatral que desenvolve o processo colaborativo. Todos os integrantes do grupo colaboram na realização dos espetáculos, participando da elaboração do texto, da criação dos cenários e dos figurinos, entre outros.

O grupo foi fundado em 1998 por um grupo de estudantes da Escola de Comunicações e Artes da Universidade de São Paulo (ECA-USP). No começo dos anos 2000, o grupo passou a trabalhar em parceria com iniciativas públicas voltadas ao atendimento da população de rua da cidade de São Paulo, realizando peças itinerantes. Nesse processo, intensificaram sua atuação em espaços públicos e seu vínculo com as questões sociais que afetam nossa sociedade.

Assista ao vídeo indicado ao lado e conheça mais sobre o trabalho da Cia. São Jorge de Variedades.

Cia. São Jorge de Variedades

Na entrevista, a atriz Paula Klein conta sobre a história da Cia. e revela como são escolhidos os espetáculos encenados por eles. Disponível em <http://mod.lk/aa9u3t3b>.

O PROCESSO DE CRIAÇÃO

Leia, a seguir, um trecho de uma entrevista em que o ator Alexandre Krug – integrante da Cia. São Jorge de Variedades – fala sobre o processo de criação do grupo.

O ator Alexandre Krug, da Cia. São Jorge de Variedades, em ensaio do espetáculo *Barafonda*, em São Paulo (SP), em 2012.

"**Entrevistador:** Alexandre, por favor, fale sobre o trabalho desenvolvido pela Cia. São Jorge de Variedades.

Alexandre Krug: A Cia. São Jorge de Variedades se define como um grupo de teatro de pesquisa, interessado em fazer um teatro investigativo, um teatro de muita criação, de muita invenção sempre partindo dos questionamentos, das indagações mais profundas dos seus integrantes. É um grupo de teatro que não tem nenhuma fórmula pronta, que sempre vai partir do 'zero'. Cada trabalho novo começa assim: 'não sabemos nada; vamos tentar falar sobre isso'. Por um lado, é um teatro de pesquisa, um teatro que se pretende muito criativo, e, por outro, é um teatro de grupo, um tipo de teatro muito coletivizado, em que a função de direção costuma rodar entre alguns integrantes. Tudo é muito discutido. É um teatro, na medida do possível, pouco hierarquizado. [...] A Cia. é um grupo que, ao mesmo tempo que não tem fórmulas, tem algumas linhas de interesse... Vai construindo a sua linguagem através dos espetáculos [...]. Uma questão muito forte na pesquisa [do grupo] é o espaço. A pesquisa do espaço é uma forma de buscar novas maneiras de se relacionar com o público do teatro. Sair de uma relação estagnada, conhecida, e buscar uma relação mais viva. Por exemplo, o primeiro trabalho que a gente fez era em palco italiano, aquele palco tradicional, geralmente elevado, frontal ao público. Já no segundo espetáculo partimos para uma peça itinerante pelos ambientes do teatro, inclusive as partes exteriores, a fachada, os fundos, e depois fomos fazer uma peça em um albergue para moradores de rua. Antes disso, fizemos uma peça em teatro de arena, que é uma relação diferente da frontal; o público está em 180°, em volta. Então a Cia. é um grupo que está sempre investigando, sempre variando, sempre querendo algo diferente, sempre querendo se desafiar.

Entrevistador: Fale um pouco sobre essa característica de se apresentar na rua.

Alexandre Krug: O espaço público, pensando na história da Cia., surge primeiramente como um desejo de romper com uma linguagem tradicional (relação frontal, palco italiano, relação da caixa fechada do teatro); vem de uma vontade de fazer algo mais vivo. Aos poucos, eu sinto que ele foi ganhando uma importância maior do que simplesmente variar, foi se tornando uma coisa essencial, um modo de realmente dialogar com a cidade que é muito mais intenso, muito mais vivo do que a sala fechada. [...] A obra em um espaço público é uma relação mais direta [...] com a cidade, com a paisagem, inclusive com as políticas públicas, arquitetônicas, urbanas. Está em diálogo com a cidade diretamente [...]."

Entrevista concedida especialmente para esta Coleção, em fevereiro de 2015.

ATIVIDADE

- Imagine que você faz parte de um grupo de teatro como a Cia. São Jorge de Variedades, que cria apresentações que têm como palco o espaço público e buscam discutir assuntos que afetam todos os cidadãos. Quais questões sociais você acharia interessante abordar, tendo em vista os problemas que observa em sua cidade? Que tipo de intervenção artística você faria para propor uma discussão sobre esse problema?

ESTUDO E PESQUISA

As formas do trabalho colaborativo foram sendo investigadas por diferentes grupos, que criaram dinâmicas próprias para compartilhar ideias, sugestões e funções artísticas em um processo teatral. A Cia. do Tijolo é um desses exemplos. Para o grupo, a dramaturgia também é escrita ao longo do processo, mas a forma final do texto é decidida coletivamente, também a partir de improvisações, sugestões e, principalmente, da pesquisa de todos.

O nascimento da Cia. do Tijolo confunde-se com o surgimento de seu primeiro espetáculo, *Concerto de Ispinho e Fulô*, que trata da história e da obra do poeta Antônio Gonçalves da Silva (1909-2002), conhecido como Patativa do Assaré. Foi no encontro com artistas de diferentes experiências de vida e de teatro que a Cia. do Tijolo começou a construir sua identidade artística. Além desse espetáculo, o grupo produziu *Cante lá que eu canto cá* (2008), que também tem como referência a obra de Patativa do Assaré.

Assim como Patativa do Assaré, outra personalidade que também é referência para as produções da Cia. do Tijolo é o educador Paulo Freire (1921-1997).

O ator Rogério Tarifa em cena do espetáculo *Concerto de Ispinho e Fulô*, apresentado pela Cia. do Tijolo, em São Paulo (SP), em 2015.

PARA LER

- **Ispinho e Fulô**, de Patativa do Assaré. São Paulo: Hedra, 2009. (Coleção Literatura Popular)

  Lançado pela primeira vez em 1988, esse livro reúne poemas escritos por Patativa do Assaré. O título desse livro foi a referência para o espetáculo abordado neste tópico.

CONCERTO DE ISPINHO E FULÔ

Como vimos na página anterior, o espetáculo *Concerto de Ispinho e Fulô* (2010) é baseado em uma série de pesquisas realizadas pelos integrantes do grupo sobre a vida e a obra de Patativa do Assaré.

A trilha musical do espetáculo é composta de obras produzidas pelos integrantes do grupo e também por Luiz Gonzaga (1912-1989), importante referência da música nordestina. As canções são executadas ao vivo durante o espetáculo. Uma das canções que fazem parte da trilha do espetáculo é "Cheguei", de Jonathan Silva, um dos integrantes da Cia. do Tijolo. Leia, a seguir, um trecho dessa canção e ouça uma gravação na faixa 21 do CD.

Da esquerda para a direita, os atores Rogério Tarifa, Maurício Damasceno, William Guedes e Aloísio Oliver em cena do espetáculo *Concerto de Ispinho e Fulô*, apresentado pela Cia. do Tijolo, em São Paulo (SP), 2011.

Assim como a trilha musical, o figurino faz referência ao Nordeste. As rendas e os crochês bordados nas roupas, os chapéus e as botinas são exemplos dessa referência. O cenário é construído e reconstruído pelos atores em cena, que assumem diferentes personagens para narrar a história. O cenário também é composto de muitas citações ao universo de Patativa do Assaré. As peças que formam o mapa do Brasil no centro do palco, por exemplo, são sinos como os que são pendurados no pescoço do gado, o que é uma menção aos boiadeiros nordestinos.

Cena do espetáculo *Concerto de Ispinho e Fulô*, apresentado pela Cia. do Tijolo, em Arcoverde (PE), em 2012.

OUTRAS EXPERIÊNCIAS

A obra de Patativa do Assaré

Patativa do Assaré nasceu no interior do estado do Ceará e, desde muito cedo, trabalhou na lavoura para ajudar sua família. Embora tenha frequentado a escola por apenas seis meses, ele teve acesso à literatura por meio dos folhetos de cordel e dos versos entoados pelos cantadores sertanejos. Influenciado por essa literatura, em 1925, Patativa começou a compor seus primeiros versos musicados. Seu primeiro livro, *Inspiração nordestina*, foi publicado em 1956.

Os versos de Assaré destacam-se pelo ritmo e pela rima, que induzem seu leitor a cantá-los quando lidos em voz alta. Por essa razão, a característica mais importante de sua obra é a transmissão oral dos poemas acompanhados de música.

Outra característica marcante da obra de Patativa do Assaré é o fato de, muitas vezes, não seguir a variedade urbana de prestígio da língua portuguesa, revelando ao leitor o modo de falar do sertanejo. Na década de 1960, Luiz Gonzaga viu Patativa do Assaré recitando o poema "A triste partida" e decidiu musicá-lo. Com o sucesso dessa canção, a obra de Patativa do Assaré se tornou conhecida em todo o Brasil. O cantor e compositor Raimundo Fagner também gravou diversas obras de Patativa do Assaré.

Patativa do Assaré, em Assaré (CE), em foto de 2000.

Em suas produções, Patativa do Assaré abordava temas relacionados ao cotidiano do sertanejo, como a dificuldade do plantio causada pelas longas secas, o abandono do sertão por parte do poder público, as injustiças sociais, a religiosidade e a migração para as grandes cidades. Sua obra, dessa maneira, pode ser entendida como uma denúncia dos problemas de sua terra. No poema a seguir, por exemplo, Patativa do Assaré abordou a importância da reforma agrária, ou seja, da distribuição justa das terras.

Reforma agrária

"Pobre agregado, força de gigante,
Escuta amigo o que te digo agora,
Depois da treva vem a linda aurora
E a tua estrela surgirá brilhante.

Pensando em ti eu vivo a todo instante,
Minha alma triste desolada chora
Quando te vejo pelo mundo afora
Vagando incerto qual judeu errante.

Para saíres da fatal fadiga,
Do horrível jugo que cruel te obriga
A padecer situação precária

Lutai altivo, corajoso e esperto
Pois só verás o teu país liberto
Se conseguires a reforma agrária."

ASSARÉ, Patativa do. Reforma agrária. Em: ASSARÉ, Patativa do. *Ispinho e Fulô*. São Paulo: Hedra, 2009.

COMPREENDER UM TEXTO

Ispinho e Fulô

[1] É nascê, vivê e morrê
Nossa herança naturá
Todos tem que obedecê
Sem tê a quem se quexá
Foi o auto da Natureza
Com o seu pudê e grandeza
Quem traçou nosso caminho,
Cada quá na sua estrada
Tem nesta vida penada
Pôca fulô e munto ispinho

[2] Até a propa criança
Tão nova e tão atraente
Conduzindo a mesma herança
Sai do seu berço inocente,
Se passa aquele anjo lindo
Hora e mais hora se rindo
E argumas horas chorando,
É que aquela criatura
Já tem na inocença pura
Ispinho lhe cutucando

[3] Fora a infança querida
No seu rosto de razão
Vê muntas fulô caída
Machucada pelo chão,
Pois vê neste mundo ingrato
Injustiça, assassinato
E uns aos outros presseguindo
E assim nós vamo penando
Vendo os ispinho omentando
E as fulô diminuindo

[4] Nosso tempo de rapaz
Quando a gente ama e qué bem
Tudo que é bom ele traz,
Tudo que é bom ele tem,
Nossa vida é um tesôro,
De bêjo, abraço e namoro
De fantasia e de encanto
De inlusão e de carinho
Não se vê nem um ispinho,
É fulô por todo canto.

[5] Depois vem o casamento
Trazendo a lua de mé,
O maió contentamento
Que goza o home e a muié,
Mas depois que a lua passa
Já vão ficando sem graça
Pois é preciso infrentá
A obrigação que eles tem
Porque Deus não fez ninguém
Pra vivê sem trabaiá.

[6] Mais tarde chega a criança
Que o casal tanto queria,
Risonha como a esperança
Enche a casa de alegria,
No dia da sua vinda
Todos diz: Ô coisa linda!
Pra repará todos vem
A criancinha mimosa
Tão linda iguamente a rosa,
Mas traz ispinho também.

[7] Quando um casá se separa
Rebenta duas ferida,
Ferida que nunca sara,
Pois a dô é repartida,
Cumprindo a sorte misquinha,
Nem mesmo uma fulôzinha
Aos desgraçado acompanha,
Cada quá no seu caminho
Topa tosseira de ispinho
Que o chique-chique não ganha

[8] A vida tem um tempêro
De alegria e de rigô
Derne o mais pobre trapêro
Ao mais ricaço dotô
Na roda desta ciranda
O mundo intêro disanda,
Não ficou pra um sozinho,
O sofrimento é comum
A estrada de cada um
Sempre tem fulô e ispinho.

[9] Sem chorá ninguém tulera
De uma sêca a tirania,
O rapapé da misera
Ispaia as pobre famia,
O ispinho da precisão
Fura em cada coração,
Seca as águas no regato,
A mata fica dispida,
Não se vê fulô na vida
Nem se vê fulô no mato

[10] Para o véio que ficou
Sem corage e sem assunto
Só resta as triste fulô
Com que se enfeita difunto,
Vem a doença e lhe inframa
E ele recebe na cama
Na sua eterna partida
Sem tá sabendo de nada
A derradêra furada
Do ispinho da nossa vida.

ASSARÉ, Patativa do. *Ispinho e Fulô*.
São Paulo: Hedra, 2009.

QUESTÕES

1. Leiam coletivamente o poema de Patativa do Assaré, dividido igualmente, para que todos tenham a oportunidade de ler um trecho. Caso vocês tenham dificuldade de entender alguma palavra do texto, parem a leitura, discutam o significado da palavra e retomem a leitura.

2. O poema de Patativa do Assaré apresenta uma **tese** – isto é, uma ideia a ser comprovada – que envolve o contraste entre experiências contrárias. Ele mostra como esse contraste se manifesta de várias formas ao longo das idades pelos quais o ser humano passa. Como você explicaria essa tese, que está relacionada ao título do poema? Como a reiteração dos elementos contidos no título ao longo do poema constrói a demonstração dessa ideia?

3. Escreva ao lado de cada assunto o número das estrofes que o abordam:

    - tese _____

    - infância _____

    - juventude _____

    - etapas da vida adulta _____

    - velhice _____

ATITUDES PARA A VIDA

O poeta do povo

Aos vinte anos de idade, o jovem Antônio Gonçalves da Silva passou a usar o nome artístico Patativa, que é o nome de um pássaro conhecido pelo seu belo canto. Desde a adolescência, Antônio viajava por cidades do Nordeste participando de desafios de repente e recitando seus poemas em festas, e era muito conhecido como poeta cantador, fama que era ampliada pelo fato de sua voz ser transmitida em programas de rádio.

Na década de 1950, o filólogo cearense José Arraes de Alencar estimulou Patativa do Assaré a publicar seus versos em livro e prefaciou a edição de seu primeiro livro, *Inspiração nordestina* (1956), quando o poeta tinha 47 anos. A gravação de seu poema "A triste partida", por Luiz Gonzaga, em 1964, veio a aumentar ainda mais o prestígio do artista.

Nas palavras do próprio escritor, ele era um poeta do povo, cuja linguagem e temática refletiam as preocupações e os interesses do grupo ao qual ele pertencia. No período politicamente conturbado que foram os anos 1960 e 1970 no Brasil, o papel de Patativa como porta-voz de uma significativa parcela de sertanejos cearenses foi de grande importância para o seu grupo. Ele rejeitava a denominação de poeta, e continuava se dizendo agricultor – ou melhor, lavrador –, mantendo-se identificado com o modo de vida da população que sua poesia, nesse momento já nacionalmente reconhecida, via de regra buscava proteger.

Músico cearense da região do Crato (CE) fotografado na década de 1970 por Thomaz Farkas, fotógrafo húngaro radicado no Brasil, que registrou os artistas e o povo cearense em séries de fotos e em filmes como *Viva Cariri!*.

Repente: Estilo improvisado de poesia que coloca em disputa dois poetas, considerado típico da Região Nordeste do Brasil.

Filólogo: Estudioso da linguagem.

QUESTÕES

1. Como a publicação dos poemas de Patativa do Assaré e a gravação, por Luiz Gonzaga, de uma canção escrita por ele poderiam ter alterado o comportamento do poeta? Como você vê o fato de ele ter permanecido fiel às suas origens e à sua identidade de agricultor? De que forma a atitude de **persistir** pode ser relacionada a esse aspecto da vida de Patativa?

2. Os conterrâneos de Patativa do Assaré, especialmente aqueles envolvidos em grupos que lutavam pelos direitos dos trabalhadores, frequentemente pediam que ele os representasse em situações públicas, inclusive em atos políticos. Como você estudou neste Tema, o prestígio de que esse poeta gozava permitia-lhe expressar para o conjunto da sociedade o ponto de vista dos trabalhadores, que era também o seu próprio ponto de vista. De que maneira você relacionaria as atitudes de **escutar os outros com atenção e empatia** e **pensar com flexibilidade** com esse tipo de atividade política do poeta Patativa do Assaré?

ATIVIDADE PRÁTICA

- Agora é a sua vez de experimentar a criação de uma cena a partir de uma dinâmica compartilhada.

   a) Sob a orientação do professor, reúna-se com cinco colegas e estabeleçam um tema de interesse do grupo. Escolham temas ligados ao cotidiano da escola, do bairro ou da cidade.

   b) Definam um roteiro de perguntas e façam entrevistas com pessoas que possam ajudar a entender melhor o assunto que vocês querem abordar. Quando as entrevistarem, peçam informações sobre o cotidiano dessas pessoas e tentem entender qual é o ponto de vista delas em relação ao assunto. Por exemplo: se escolheram um tema relacionado à escola, vocês podem entrevistar funcionários e alunos. Os problemas que cada um deles vai apresentar provavelmente serão diferentes, pois a rotina de quem trabalha na escola é bem diferente da rotina dos estudantes. Se o tema se relaciona com o bairro onde moram, vocês poderão entrevistar moradores, comerciantes, funcionários e pessoas que frequentam os estabelecimentos do local.

   c) Depois de realizar as entrevistas, estabeleçam as funções no grupo. Um dos integrantes deverá ser o dramaturgo, responsável por escrever o texto, outro deverá ser o responsável pelos cenários e figurinos. Por fim, os outros três integrantes serão os atores.

   d) No dia estabelecido pelo professor, vocês deverão realizar duas improvisações com base no material pesquisado:

   - Improvisação 1. Os atores apresentarão suas personagens. Para isso, devem escolher um momento de decisão dessa personagem. Por exemplo: um aluno que, cansado de sofrer *bullying*, resolve entrar na sala do diretor para protestar. Atente para criar essas situações considerando os problemas ou as questões relatadas nas entrevistas.

   - Improvisação 2. Os atores criarão uma situação coletiva, estabelecendo onde a cena se passa e um acontecimento que envolva todas as personagens apresentadas na cena anterior.

   e) Com base nas improvisações, o dramaturgo deverá elaborar um roteiro para ser apresentado aos colegas e posteriormente ensaiado. Esse roteiro pode contar apenas com uma sequência de ações ou pode já ter a sugestão de algumas falas para as personagens. Lembre-se de que a criação do texto tem o objetivo de organizar as cenas, e não apenas relatar o que foi improvisado.

   f) O cenógrafo e o figurinista deverão definir, com base nas improvisações, como será o cenário e o figurino da cena. Para tanto, poderão contar com a colaboração dos colegas.

   g) Quando o texto já tiver sido escrito, o grupo todo deverá ensaiar a cena elaborada pelo dramaturgo, fazendo modificações quando necessário.

   h) No dia estabelecido pelo professor, todos os grupos deverão apresentar suas cenas.

   i) Após as apresentações, formem uma roda com toda a turma e conversem sobre as cenas apresentadas e os desafios envolvidos em todo o processo.

ORGANIZAR O CONHECIMENTO

1. Identifique cada uma das afirmativas a seguir como verdadeira (V) ou falsa (F).

    ( ) Em *Além dos cravos*, o EmFoco Grupo de Teatro partiu das referências históricas e culturais do cemitério São João Batista, em Fortaleza, no Ceará, para criar a sua própria história. A vida e a morte presentes naquele espaço constroem a narrativa da peça, transformando o espaço real de um cemitério em palco para uma peça teatral.
    Se você errou essa resposta, retome a leitura do tópico "*Além dos cravos*".

    ( ) Uma forma de participação do público em espetáculos teatrais são as peças conviviais, em que não há um roteiro ou mesmo um texto definido e ensaiado. Nelas, o público é convidado a participar, sugerindo os temas e as histórias para as improvisações e, depois, votando e escolhendo a cena de sua preferência.
    Se você errou essa resposta, retome a leitura do tópico "Participação e diversão".

    ( ) A improvisação é uma metodologia de criação teatral muito utilizada em processos de construção de espetáculos, tanto para a elaboração de textos quanto para o treinamento dos atores. No caso dos espetáculos de teatro-esporte, a improvisação não é um meio para chegar a alguma outra coisa, mas é, em si mesma, o próprio espetáculo.
    Se você errou essa resposta, retome a leitura do tópico "A improvisação".

    ( ) No processo colaborativo, a criação teatral ocorre em um período curto e o diretor teatral é a figura mais importante, pois suas ideias e propostas são executadas por todos os integrantes do grupo.
    Se você errou essa resposta, retome a leitura do tópico "O processo colaborativo".

2. Complete as afirmações abaixo.

    a) O _____ surgiu em 1991 como um grupo de pesquisa e experimentação cênica e consolidou-se como companhia teatral a partir da estreia de seu primeiro espetáculo, *O paraíso perdido*, em 1992. Foi uma das primeiras a investigar espaços alternativos para a realização de seus trabalhos, tendo realizado espetáculos em lugares como o Rio Tietê – que foi palco da peça *BR-3* –, o interior de uma igreja, um hospital abandonado, um presídio desativado e a fachada de vidro de um prédio em construção.
    Se você errou essa resposta, retome a leitura da seção "De olho na imagem".

    b) O _____ é uma companhia mineira que, desde 2007, investiga práticas coletivas de criação e cria espetáculos voltados para diferentes formas de relação com o espectador. Em seus trabalhos, o grupo privilegia o trabalho do ator, que em cena, mais do que contar uma história, é aquele que se encontra com o público para discutir um tema. No espetáculo *Fauna*, por exemplo, que é uma peça convivial, embora haja um roteiro ensaiado, o público é convidado a participar e interagir, muitas vezes entrando em cena também.
    Se você errou essa resposta, retome a leitura da página 129.

    c) O teatro-esporte é uma modalidade de teatro que vem sendo explorada na atualidade, em que dois times de atores disputam, no palco, a preferência da plateia em suas "jogadas". Os atores são improvisadores que, sem um roteiro, precisam ter jogo de cintura e pensamento rápido para criar situações interessantes. Os espectadores sugerem os temas e as histórias para as improvisações e, depois, votam e escolhem a cena de sua preferência, ou seja, nessa proposta o público também cria a peça. Uma das companhias mais conhecidas de teatro-esporte no Brasil é a _____.
    Se você errou essa resposta, retome a leitura do tópico "Participação e diversão".

    d) Um dos grupos brasileiros que se dedica à improvisação é o _____, de Curitiba, no Paraná. Um dos espetáculos criado por esse grupo chama-se *Improfocus*.
    Se você errou essa resposta, retome a leitura do tópico "A improvisação".

    e) Um exemplo de grupo teatral que trabalha em processo colaborativo é a _____, pois todos os integrantes do grupo colaboram para a realização dos espetáculos, participando da elaboração do texto, da criação dos cenários e dos figurinos etc.
    Se você errou essa resposta, retome a leitura do tópico da página 138.

UNIDADE **4**

A DANÇA NA ATUALIDADE

- TEMA 1 — NOVOS ESPAÇOS PARA A DANÇA
- TEMA 2 — DANÇA NA RUA OU DANÇA DE RUA?
- TEMA 3 — DANÇA E TECNOLOGIA

Da esquerda para a direita, os dançarinos Leonardo Augusto, Socorro Dias, Heloisa Rodrigues e Duna Dias em cena do espetáculo *Na reta de 4 corpos*, do Grupo Contemporâneo de Dança Livre, na Cidade do Panamá, Panamá, em 2017.

DE OLHO NA IMAGEM

Os dançarinos Leonardo Augusto, Socorro Dias, Heloisa Rodrigues e Duna Dias em cena do espetáculo *Na reta de 4 corpos*, do Grupo Contemporâneo de Dança Livre, na Cidade do Panamá, Panamá, em 2017.

1. Lembre-se de alguma apresentação de dança a que você já tenha assistido. Há alguma semelhança com a imagem acima? O que é igual e o que é diferente?

2. Os dançarinos estão se apresentando em qual espaço? Você já viu ou imaginou uma dança em um espaço assim?

3. Observando a foto, é possível imaginar o que essa dança quer comunicar ao público? Converse com seus colegas sobre isso.

4. Observe agora os elementos da cena. O que você diria sobre a expressão corporal e o figurino dos dançarinos? E qual é a iluminação da cena? Que cenário é utilizado?

Grupo Contemporâneo de Dança Livre

Da esquerda para a direita, os dançarinos Socorro Dias, Duna Dias, Heloisa Rodrigues e Leonardo Augusto, do Grupo Contemporâneo de Dança Livre. Cidade da Guatemala, Guatemala, em 2018.

A foto da abertura desta Unidade mostra cena do espetáculo *Na reta de 4 corpos*, do Grupo Contemporâneo de Dança Livre. O grupo surgiu em 2004, por iniciativa da dançarina e coreógrafa Socorro Dias. Atualmente, além de Socorro Dias, fazem parte do grupo os dançarinos Duna Dias, Heloisa Rodrigues e Leonardo Augusto.

O Grupo Contemporâneo de Dança Livre trabalha com um processo colaborativo de pesquisa e criação desenvolvendo propostas para apresentações no palco e na rua. Em seus trabalhos, o grupo promove discussões, compartilhamentos e observações coletivas, descentralizando ideias e favorecendo o intercâmbio de experiências.

Ao longo de sua trajetória, o Grupo Contemporâneo de Dança Livre tem-se apresentado em diversas cidades brasileiras e também no exterior. O espetáculo retratado na abertura da Unidade, por exemplo, foi realizado no Panamá. O grupo também já se apresentou em outros países, como Colômbia, México, França, Bélgica e Portugal.

Os dançarinos Duna Dias e Ramon Oliveira (em primeiro plano) em cena do espetáculo *Da Tupinambarana ao Cariri*, do Grupo Contemporâneo de Dança Livre, Belo Horizonte (MG), 2008.

TEMA 1
NOVOS ESPAÇOS PARA A DANÇA

O ESPAÇO DA DANÇA

A pesquisa de novos espaços para a criação artística é uma característica da arte contemporânea e é uma marca do trabalho de artistas de diferentes linguagens. Nas Unidades anteriores, por exemplo, você conheceu obras visuais e obras teatrais que extrapolam os espaços convencionais, como museus e o palco italiano, por exemplo, para ocupar espaços que não são projetados especificamente para abrigar espetáculos, como ruas, praças, estações de trem, hospitais, entre outros.

As características físicas desses lugares permitem, por um lado, explorar possibilidades coreográficas e cênicas – levando em consideração a variedade de pontos de vista a partir dos quais o público presente nas apresentações verá o espetáculo – e, por outro, usar a dança como forma de questionamento das formas como nos habituamos a nos comportar em cada situação social, que se ligam às representações que consolidamos sobre os espaços em que vivemos. Um espetáculo desenvolvido em uma estação de trem, por exemplo, poderia levar pessoas que por ali passam todo dia a pensar sobre seu próprio comportamento cotidiano naquele espaço.

Essa possibilidade de se apresentar em lugares que não são especialmente reservados para a dança representa uma grande transformação no modo de trabalhar dos artistas atuais. As apresentações de dança encontraram, em diferentes épocas, lugares determinados para acontecer, dependendo da sociedade e da finalidade que tivessem. No balé clássico, ainda hoje é comum que os espetáculos sejam realizados em teatros construídos com disposição de palco italiano, em que os artistas e o público ficam um de frente para o outro. Veja a foto reproduzida a seguir.

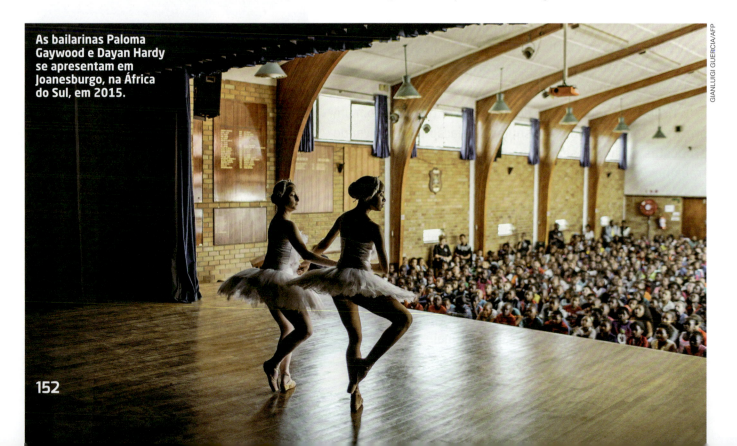

As bailarinas Paloma Gaywood e Dayan Hardy se apresentam em Joanesburgo, na África do Sul, em 2015.

AS RUAS COMO PALCO

Com o desenvolvimento da dança contemporânea, a busca por novos espaços se consolidou, e os grupos e dançarinos passaram a pesquisar novas possibilidades espaciais para suas criações.

Nas páginas iniciais desta Unidade, você conheceu um pouco do espetáculo *Na reta de 4 corpos*, criado pelo Grupo Contemporâneo de Dança Livre. Esse espetáculo tem as ruas como palco e surgiu do interesse do grupo em desenvolver propostas para dançar no espaço urbano.

Na reta com 4 corpos é uma intervenção em forma de cortejo, na qual os dançarinos se deslocam em apenas uma direção, interagindo e propondo uma transformação na rotina do local onde ela acontece. Observe essa interação na foto reproduzida a seguir. Perceba que muitas pessoas que passam pelo local param o que estão fazendo para acompanhar a apresentação.

Em geral, as propostas de dança contemporânea em ruas e praças são desenvolvidas no local e compartilhadas com o público em tempo real, o que exige dos dançarinos a capacidade de adaptar-se a mudanças de condições durante sua apresentação. Esse é o caso do espetáculo *Na rua com 4 corpos*.

Os dançarinos Duna Dias, Heloisa Rodrigues, Leonardo Augusto e Socorro Dias em cena do espetáculo *Na reta de 4 corpos*, do Grupo Contemporâneo de Dança Livre, na Cidade da Guatemala, Guatemala, em 2018.

153

FALTA DE AR

Ao longo de sua trajetória, o Grupo Contemporâneo de Dança Livre já realizou diversos espetáculos de dança que tinham ruas e praças como palco. Um exemplo é o espetáculo *Falta de ar*, desenvolvido pelo grupo em 2016. Esse projeto teve como criadores e intérpretes os dançarinos Duna Dias e Leonardo Augusto e visa a discutir com o público a respeito de fatos e de notícias que, na atualidade, nos fazem "perder o ar", sufocar.

Com esse espetáculo, o grupo discute questões como a violência, o abismo social, as ilusões. Essas questões são muitas vezes pensadas de forma abstrata, mas afetam negativamente as sensações corporais que experimentamos na vida social, como medo, vulnerabilidade e insegurança. Veja, a seguir, dois registros desse espetáculo.

Os dançarinos Duna Dias e Leonardo Augusto em cena do espetáculo *Falta de ar*, do Grupo Contemporâneo de Dança Livre, em Curitiba (PR), em 2017.

A dançarina Duna Dias em cena do espetáculo *Falta de ar*, do Grupo Contemporâneo de Dança Livre, em Curitiba (PR), em 2017.

SOLOS DE RUA

Outro grupo que se dedica à criação de espetáculos de dança na rua é o AVOA! Núcleo Artístico. Seus integrantes pesquisam a relação entre a dança e os contextos e lugares que extrapolam o palco convencional. Um dos projetos desenvolvidos por eles é *Solos de rua*, retratado nas fotos desta página.

Dançarinos do grupo AVOA! Núcleo Artístico em cena do espetáculo *Solos de rua*, em São Paulo (SP), em 2018.

Dançarinos do grupo AVOA! Núcleo Artístico em cena do espetáculo *Solos de rua*, em São Paulo (SP), em 2018.

ATIVIDADES

1. Descreva as cenas retratadas nas fotos desta página.

2. Que características permitem relacionar os espetáculos *Solos de rua* e *Na reta de 4 corpos*, que conhecemos no início desta Unidade?

O ARTISTA E SUA OBRA

Luciana Bortoletto

A seguir você vai ler uma entrevista de Luciana Bortoletto, coreógrafa, professora, dançarina e diretora do espetáculo *Solos de rua*, concedida especialmente para esta Coleção.

"**Entrevistador:** Luciana, como você se interessou pela dança e como foi o início de sua carreira?

Luciana Bortoletto: Me interessei pela dança ainda criança. Comecei a fazer minha formação artística graças a um sistema de permutas: eu trocava trabalhos administrativos e de auxiliar de produção por aulas com professores artistas maravilhosos, em uma importante escola de dança contemporânea de São Paulo (SP) [...]. Lá, eu construí toda a base de minha formação e também fui professora, após anos de total imersão na linguagem de dança e das artes do corpo e da cena. Também estudei mímica e teatro físico, poesia, consciência corporal, anatomia. Atuei como fotógrafa de cena, aprendi a olhar dança e a fotografar corpos em movimento. [Eu] Observava atentamente o modo como meus professores davam aula. Aprendi a dar aulas fazendo [assistindo às] aulas. Tive grandes mestres que respeito e admiro com muita gratidão. Sempre li muito e amo música. Aprendi a tocar acordeão e isso me ajuda a coreografar, pois provoca um entendimento maior sobre a musicalidade do movimento, os pulsos, os ritmos. Enfim, minha trajetória como

Luciana Bortoletto em cena do espetáculo *Andar_ilha*, em São Paulo (SP), em 2018.

artista da dança não se restringe apenas à linguagem da dança. Para ser bailarina, coreógrafa e professora, pesquisadora e educadora do movimento, tive que aprender a observar, aprender a ver, a ouvir.

Entrevistador: Pode falar um pouco sobre a dança em espaços não convencionais, na perspectiva da dança contemporânea?

Luciana Bortoletto: A dança contemporânea não é exatamente um 'estilo' de dança, mas sim um modo de pensar o corpo, o movimento, a criação. Assim, o artista da dança contemporânea está sempre indagando o momento histórico no qual está inserido e há um desejo de dialogar, questionar e provocar outros modos de se relacionar com o seu lugar de atuação, com a cidade [onde vive], com as pessoas que podem ser potencialmente o público. Dançar na rua não é simplesmente usar a rua como cenário. A dança é criada em contexto com o lugar, ou seja, o público não é apenas observador passivo, e a dança é um modo de praticar a cidade, habitá-la, questionar sobre normas impostas sobre os corpos que habitam a cidade e sobre o modo como nos relacionamos com ela.

Entrevistador: Como surgiu a proposta do espetáculo Solos de rua? Como foi a concepção artística desse espetáculo?

Luciana Bortoletto: Eu era moradora do Centro de São Paulo e me intrigava ver pessoas jogadas no chão feito 'coisas'. Misturadas aos detritos, em meio a esses detritos e ignoradas [pelos transeuntes e pelo poder público]. O fato de naturalizarmos a miséria e descartamos o lixo 'dentro' das ruas. Ao mesmo tempo, encontrei um manifesto denominado 'As embalagens', do encenador polonês Tadeusz Kantor (1915-1990), no qual ele faz uma relação muito interessante entre a embalagem e o ser humano, sobre o que, em um momento, é útil e, no outro, é descartável. Assim, comecei a 'embalar' meu próprio corpo e a investigar, com outros bailarinos, maneiras de explorar o corpo misturado a grandes lonas plásticas que se mesclam à paisagem urbana. Ora, parecemos coisas, detritos. Ora, nos apresentamos como pessoas. Indagamos sobre como viver na cidade e utilizamos esse manifesto, um texto teatral, para nos basear na criação da dramaturgia.

Atuamos no centro histórico de São Paulo e escolhemos uma rua para criar a partir dela, com suas singularidades. [Em Solos de rua] São nove pessoas em cena, entre músicos e dançarinos, e quase vinte profissionais envolvidos, entre figurinistas, artistas convidados, produção [...].

Entrevistador: Luciana, para um jovem que se interesse por trabalhar com dança, o que você lhe sugere para iniciar sua trajetória nessa linguagem?

Luciana Bortoletto: A pessoa precisa ter muita perseverança e curiosidade. Ler, estudar, conhecer a história da dança, ir a espetáculos de dança de diferentes estilos e em diferentes ambientes. Ver teatro, ir ao cinema. Gostar de movimento e de expressão. Saber quem são as pessoas que fazem a história da dança no Brasil e em sua cidade; reconhecer-se dentro da história e ser protagonista da própria história! Fazer aulas práticas de dança e de consciência corporal. Defender a dança como profissão, já que, em nosso país, as pessoas consideram a arte e a cultura coisas supérfluas, [apenas] como 'lazer'. Dança é profissão regulamentada e deve ser valorizada. Há pouco reconhecimento da sociedade em relação a essa profissão do artista da dança. O jovem interessado em ser artista da dança precisa ter em mente que a arte não é somente a técnica, mas sim um modo de ser e de estar no mundo. Por isso, é tão importante estudar. Há universidades públicas e particulares, e boas escolas livres. Bons grupos [de dança] para assistir, conhecer, se aproximar. O artista da dança é sempre curioso e atento."

Entrevista concedida em agosto de 2018.

CARCAÇA

Como vimos, a busca por novos espaços se consolidou com a dança contemporânea, estilo que se caracteriza pela ruptura com padrões predeterminados. Na foto reproduzida a seguir, vemos uma cena de *Carcaça*, espetáculo de dança do Grupo Strondum, de Uberlândia (MG). A principal proposta desse grupo é levar espetáculos de dança para espaços não convencionais, como prédios abandonados, construções, ruas e praças.

Assim como as propostas de espetáculos que conhecemos nas páginas anteriores, o espetáculo *Carcaça* acontece em um espaço aberto. Note que eles se apresentam ao redor e sobre a carcaça de um automóvel.

Carcaça: restos da estrutura de metal de um automóvel.

Da esquerda para a direita, os dançarinos Nádia Yoshi, Andressa Boel, Lucas Dilan (dando um giro), Cláudio H. Strondum, Mariane Araújo, Guilherme Conrado (em pé sobre a carcaça), Alexandre Rodrigues e Eduardo Paiva, do Grupo Strondum, em apresentação do espetáculo *Carcaça*, em Uberlândia (MG), em 2017.

Na intervenção *Carcaça*, um grupo de dançarinos desenvolve sequências coreográficas, ensaiadas previamente, ao redor de uma carcaça de automóvel, sob direção de Cláudio Henrique Eurípedes de Oliveira. A cada nova realização, a intervenção é alterada por elementos presentes nas ruas, como os sons e as características físicas de cada local, bem como pela interação com o público. *Carcaça* promove um protesto e uma crítica ao consumismo das atuais sociedades, que veem o automóvel como um símbolo de poder, conforto e progresso material.

ATIVIDADE PRÁTICA

- Com base no trabalho *Na reta de 4 corpos* do Grupo Contemporâneo de Dança Livre, você irá criar com os colegas um trajeto pela escola que permita a todos perceber o ambiente do ponto de vista de cada um.

   a) Organizem-se em grupos com quatro integrantes.

   b) Façam uma lista dos espaços da escola de que vocês mais gostam. Podem ser espaços em que vocês se sintam bem, ou achem a arquitetura interessante ou ainda um lugar em que tenha acontecido algo legal. Usem critérios próprios para essas escolhas.

   _____
   _____
   _____
   _____
   _____

   c) Criem um roteiro de visitação desses espaços. Coloquem-nos em ordem como uma trajetória em um mapa: em qual espaço tem início, qual vem na sequência e em qual espaço termina esse percurso.

   _____
   _____
   _____
   _____
   _____

   d) De maneira organizada e sob a orientação do professor, desloquem-se até esses espaços e executem todo o percurso planejado, mantendo-se concentrados em tudo o que vocês virem ao longo do caminho. Se necessário, façam alterações para melhorar o trajeto. Lembrem-se da importância do silêncio e da concentração para realizar essa proposta.

   e) Escolham para cada espaço uma ação, que deverá ser realizada por todos os integrantes do grupo. Por exemplo: na quadra, deitar no chão e observar o céu; no corredor, andar "colado" à parede; no pátio, andar na ponta dos pés, observando os detalhes do chão.

   f) Anotem tudo em uma folha de papel, criando o mapa-roteiro do grupo: a trajetória, os espaços pelos quais irão passar e as indicações de ação em cada local. Escolham também quem será o narrador ou narradores.

   g) Quando tiverem terminado de criar esse roteiro, voltem para a sala. Seguindo as orientações do professor, cada grupo vai guiar a turma para experienciar a trajetória que criou.

   h) Ao final, retornem à sala de aula e conversem sobre a experiência, tanto de criar e conduzir esse trajeto sensível-poético quanto de assistir, como público, aos trajetos dos colegas.

TEMA 2 — DANÇA NA RUA OU DANÇA DE RUA?

DANÇA DE RUA

No Tema anterior, estudamos grupos que levam seus espetáculos de dança para a rua. Representantes da chamada *dança contemporânea*, esses grupos dedicam-se ao desenvolvimento de propostas que visam a repensar a relação da arte com o espaço, aproximando-a do público. As ruas e praças, no entanto, são palco para diversas modalidades de dança que surgiram em espaços urbanos, as chamadas **danças urbanas**. Uma das mais conhecidas danças urbanas é o **break**. Veja a foto reproduzida a seguir.

Dançarinos dançam *break* em praça de Budapeste, Hungria. Foto de 2016.

ATIVIDADES

1. Converse com os colegas e o professor sobre o estilo de dança *break*. Você já dançou ou já assistiu a alguma apresentação de *break*?

2. Você conhece algum movimento característico do *break*? Qual? Se souber executá-lo, mostre para os colegas.

3. Você conhece ou já viu meninas e mulheres dançando *break*? Comente com os colegas.

A CULTURA *HIP-HOP*

O *break* surgiu na década de 1970, nos Estados Unidos, como parte de um movimento cultural que reunia elementos das culturas jamaicana, latino-americana e afro-americana. Esse movimento, conhecido como **hip-hop**, se caracterizava pela realização de festas em locais públicos, como quadras de esporte e praças públicas, e disseminou-se por diversos países. Além do *break*, são expressões do movimento *hip-hop* o grafite, nas artes visuais, e o *rap*, na música.

O artista Ludu produz um grafite em muro de São Paulo (SP), em 2017.

Entre os pioneiros do *hip-hop* destaca-se o **DJ** (abreviação de *disc jockey*) estadunidense Afrika Bambaataa (nome artístico de Kevin Donovan). O DJ é o profissional que programa e executa as músicas que tocam em programas de rádio, em eventos ou em festas. Em 1986, esse DJ lançou a canção "Planet rock", considerada o marco inicial do movimento *hip-hop*. Bambaataa viaja o mundo todo divulgando a cultura *hip-hop*.

O *hip-hop* chegou ao Brasil na década de 1980 e em pouco tempo consolidou-se, principalmente entre os jovens moradores de bairros das periferias das grandes cidades. Desde então, os estilos de música, artes visuais e dança associados ao *hip-hop* vêm encontrando grande adesão de jovens de todas as áreas das cidades, deixando de ser um estilo associado apenas aos bairros periféricos e influenciando amplamente a cultura *pop*.

OUTRAS EXPERIÊNCIAS

O *rap*

Abreviação de *rhythm and poetry* ("ritmo e poesia"), o *rap* é um estilo de música popular que se caracteriza pela interpretação de rimas improvisadas sobre um acompanhamento rítmico.

O responsável por compor e cantar as letras de *rap* é o **MC** (abreviação de *master of ceremonies*, o "mestre de cerimônias"), também conhecido como *rapper*. Cabe ao **DJ** garantir o acompanhamento rítmico. Para produzir os sons eletrônicos que compõem essa base rítmica, os DJs utilizam diversos equipamentos. Um efeito sonoro típico do *rap* é o **scratch** – som provocado pelo atrito da agulha com o disco de vinil. Ouça esse efeito na faixa 22 do CD.

O DJ Panchez produz o efeito *scratch*, em Kiev, na Ucrânia. Foto de 2018.

As letras de *rap*, em geral, abordam questões sociais e políticas e, muitas vezes, relatam situações do cotidiano das pessoas que vivem nos bairros pobres das grandes cidades. A seguir, leia a letra da canção "Lado bom", de Ferréz.

Lado bom

"Periferia tem seu lado bom
Manos, vielas, futebol no campão.
Meninas com bonecas e não com filhos
Planejando assim um futuro positivo

Sua paz é você que define
Longe do álcool, longe do crime.
A escola é o caminho do sucesso
Pro pobre honrar desde o começo.

E dizer bem alto que somos a herança
De um país que não promoveu as mudanças
Sem atrasar ninguém, rapaz
Fazendo sua vida se adiantar na paz

Jogando bolinha, jogando pião
Vi nos olhos da criança a revolução
Que solta a pipa pensando em voar
Para não ver o barraco que era o seu lar

Periferia lado bom o que você me diz ⎫
Alguns motivos pra te deixar feliz   ⎬ Refrão
Longe do álcool, longe do crime   ⎪ (2×)
Sua paz é você que define   ⎭

E nessa pipa no céu eu vi planar
A paz necessária para se avançar
Ânimo, positivismo em ação
Hip-hop, cultura de rua e educação.

Foi assim que criaram e assim que tem que ser
O mestre de cerimônia rimando pra você
Enquanto o DJ troca as bases
O grafiteiro pinta todo o contraste

Da favela pro mundo
O caminho do *rap* pelo estudo
Por isso eu não me iludo
Roupa de marca não é meu escudo

Detentos, já te disse no começo
E estudar do sucesso é o preço
Porque a fama não cabe num coração pequeno
Então positivismo pra vencer, vai vendo.

Periferia lado bom o que você me diz ⎫
Alguns motivos pra te deixar feliz   ⎬ Refrão
Longe do álcool, longe do crime   ⎪ (2×)
Sua paz é você que define."   ⎭

FERRÉZ. Lado bom. Disponível em:
<http://ferrez.blogspot.com.br/2005/10/lado-bom.html>.
Acesso em: 20 ago. 2018.

Grafite realizado pelos artistas Jana Joana e Vitché ilustra alguns elementos da letra do *rap* "Lado bom" no muro de uma escola na cidade de São Paulo (SP). Foto de 2005.

1. Em que trechos da letra da canção "Lado bom" o autor se refere a elementos da cultura *hip-hop*?

2. Ouça uma reprodução dessa canção na faixa 23 do CD e registre os elementos do *rap* que podem ser identificados em "Lado bom".

O BREAK

Agora, pense em uma festa em que haja muita música e na qual ocorram pequenos intervalos para realizar a troca entre os DJs. O que você faria nesses intervalos?

Em Nova York, Estados Unidos, na década de 1970, os dançarinos usavam esses intervalos para dançar e mostrar suas danças nos *block parties* – as festas de quarteirão, que eram realizadas nas ruas da cidade. Por acontecerem nesses intervalos de "**quebra**" que havia entre as músicas, essas danças foram chamadas *breakdance* (ou *break*, que significa "quebra", em português). Os dançarinos são chamados *bboys* e *bgirls*, os *breakboys* e as *breakgirls*.

Reunidos em grupos (chamados *crews* – "tripulações", em português), esses dançarinos faziam da dança uma possibilidade de demarcar seu território, mostrar suas habilidades e compartilhar os propósitos de resistência às injustiças sociais. Você sabia que a capoeira também teve e ainda tem esse mesmo caráter de resistência social?

De origem afro-brasileira, a capoeira era praticada por africanos escravizados como um modo de resistência cultural e de defesa e, por muito tempo, essa prática foi proibida. Atualmente, a capoeira é praticada por pessoas das mais variadas origens sociais, tanto no Brasil quanto no exterior.

Dançarino de *break*, em Nova York, Estados Unidos. Foto da década de 1980.

Apresentação de capoeira, em Salvador (BA), em 2017.

AS BATALHAS

Desde o surgimento do *break*, são realizadas as **batalhas**, que são competições nas quais dois grupos de dançarinos são colocados frente a frente para se apresentar e ser avaliados pelo público.

Dançarino se apresenta em encontro de *bboys* e *bgirls* realizado em Brasília (DF), em 2018.

Embora originalmente o termo *batalha* tenha em seu significado algo que remete à violência (as guerras, por exemplo), as batalhas de *hip-hop* surgiram no contexto dos bairros pobres de Nova York, justamente para combater a violência que havia ali. Os fundadores do movimento *hip-hop* propunham que os conflitos entre grupos fossem substituídos por encontros de dança em que eles se enfrentassem de modo não violento, dançando. Esses grupos, como vimos anteriormente, são chamados *crews*.

Ao longo do tempo, as batalhas foram se modificando, deixando os territórios de conflito e ampliando o alcance para outras partes do mundo, preservando algumas características comuns: toda batalha formal deve ter um MC (o mestre de cerimônia), um DJ (aquele que escolhe as músicas), os jurados (que são os avaliadores) e os *crews* (individuais ou coletivos).

Hoje, as batalhas também ampliaram a gama de possibilidades da dança: vários estilos podem participar dessas batalhas dançando em grupos ou individualmente. Nas batalhas tradicionais, há sempre um jogo entre a música e a dança, pois os dançarinos nem sempre sabem o que será tocado, possibilitando, assim, a criação de danças novas durante a batalha. Isso contribui para que as danças urbanas não se cristalizem e estejam sempre vivas e dinâmicas.

OS MOVIMENTOS DO BREAK

Existem algumas danças que são compostas de passos ou de movimentos básicos preexistentes. Você sabe de algumas danças que têm essa característica?

Essas danças são chamadas **codificadas**, pois trazem um código preestabelecido historicamente, que deve ser compreendido e seguido por todos aqueles que a praticam.

De certo modo, esse é o caso do *break*. No *break*, existem alguns movimentos essenciais, que foram criados ao longo das décadas, e que todos os dançarinos aprendem quando se dedicam ao *hip-hop*, mas que, em uma batalha, podem e devem ser recriados pelos dançarinos.

E você? Alguma vez já participou ou já assistiu a uma batalha de *break*? Percebeu que os movimentos são individuais, predominantemente fortes, rápidos e diretos?

No *break*, os dançarinos, em geral, exploram todos os níveis do espaço (os níveis alto, médio e baixo) e seu olhar permanece fixo no dançarino rival ou nos jurados. Observe a foto a seguir.

Dançarinos em uma batalha de *break*, em Odessa, na Ucrânia. Foto de 2017. Observe que o dançarino que está em pé (no nível alto) mantém o olhar fixo no outro dançarino que está próximo do chão (no nível baixo).

TOPROCK E FLOOR ROCKS

O *break* requer muita energia, vigor físico e criatividade por parte dos dançarinos e dançarinas. Os movimentos são rápidos e com diversos níveis de complexidade, e normalmente são acompanhados pelo som do *rap* ou de electro, um gênero de música eletrônica.

Nas apresentações de *break* há, inicialmente, um conjunto de movimentos mais simples que são realizados em pé (nível alto) pelos dançarinos, denominados *toprock*. Esses são considerados "movimentos de aquecimento", pois são executados anteriormente às séries e às sequências principais que os dançarinos realizam. Observe a foto ao lado.

Os chamados *floor rocks* também são característicos do *break* e são movimentos realizados no nível baixo com o apoio dos pés e das mãos. Veja as fotos a seguir.

Os dançarinos acompanham a batida do *rap* em pé e fazem movimentos com o corpo, que imprime o ritmo.

Dançarinos executam os *floor rocks* utilizando o apoio das mãos e dos pés no chão (nível baixo) para girar e se equilibrar.

ATIVIDADE PRÁTICA

- Vamos explorar alguns movimentos do *break*?
    - **a)** Ao som da música "Lado bom" (execute novamente a faixa 23 do CD), explore livremente e ao seu modo os movimentos de *break* que você aprendeu nesta Unidade.
    - **b)** Reúna-se com mais três colegas. Ensinem uns aos outros os passos que vocês criaram.
    - **c)** Ao final, façam uma roda. Dois alunos de cada vez devem entrar no meio da roda para dançar, como em uma verdadeira roda de dança de rua.

ATITUDES PARA A VIDA

O orgulho de dançar

Nos anos 1980, o *rap* ainda era desconhecido no Brasil, assim como os demais elementos da cultura *hip-hop*. Nessa época, antes de o *rap* se popularizar, o *break* se tornou conhecido como estilo de dança que passou a caracterizar a identidade de uma geração de artistas comprometidos com a valorização da cultura dos afrodescendentes.

As jornalistas Janaina Rocha, Mirella Domenich e Patrícia Casseano fizeram, em 1999, um trabalho de conclusão de curso de Jornalismo que consistiu em uma reportagem sobre o universo do *hip-hop*, que naquela época estava em pleno desenvolvimento no Brasil. O resultado foi um trabalho tão completo que foi publicado em livro e se tornou referência entre os pesquisadores desse movimento. Leia a seguir um trecho do livro, em que as autoras comentam sobre a disseminação do *break* no Brasil.

O dançarino Nelson Triunfo executa passos de *break* no centro de São Paulo, em 1984, quando o estilo estava se popularizando no Brasil.

A turma que batia latinha

"No Brasil, antes do surgimento do *break* e do *hip-hop*, quem antecipou a ideia da valorização dos afrodescendentes nos bailes *black* dos anos 70, como propõe hoje o *hip-hop*, foi o cantor e dançarino Gerson King Combo. No início da década de 1980, enquanto no Rio de Janeiro Combo e seus companheiros embalavam a juventude com *soul* e *funk*, em São Paulo o *break* começava a ganhar espaço. Tanto para paulistas como para cariocas os objetivos eram os mesmos: a diversão e a busca da autoestima. Os integrantes da *old school*, como Nelsão [Nelson Triunfo] e seus contemporâneos são conhecidos, ainda não tinham consciência de que o *hip hop* propunha a 'troca da violência pela paz', segundo Nelsão. 'O *hip-hop* era só *break* para nós. Era uma dança robótica e o *rap* nem era conhecido com esse nome. Nós o chamávamos de *toast* (estilo jamaicano precursor do *rap*)', afirma o *b.boy* Moisés, de 34 anos, presidente da equipe paulista de *break* Jabaquara Breakers. A valorização do negro, entretanto, era evidente. Em qualquer roda de *break* podia-se encontrar jovens bem vestidos e com os cabelos sem alisar, uma das marcas do orgulho negro.

O *break* começou a ser praticado na Praça Ramos, em frente ao Teatro Municipal, no Centro de São Paulo. O som saía de um box ou de pick-ups ou por meio do beat box. Os primeiros *breakers* brasileiros também dançavam ao som improvisado de uma ou de várias latas, dando origem à expressão 'bater a latinha'. Vários jovens que passavam pelo Centro da cidade identificavam-se e, pouco a pouco, equipes de *break* surgiam. Elas eram formadas em sua maioria por *office-boys* e chamadas erroneamente de gangues – em alusão às gangues norte-americanas, apesar de não praticarem a violência como nos Estados Unidos."

ROCHA, Janaina; DOMENICH, Mirella; CASSEANO, Patrícia. *Hip-hop*: a periferia grita. São Paulo: Fundação Perseu Abramo, 1999. p. 47-49.

Box: rádio de grande porte usado nas rodas de *break*.
Pick-up: toca-discos utilizado pelos MCs.
Beat box: batida feita com a boca.

Muitos artistas envolvidos com o *hip-hop* usaram as formas de expressão artística que o compõem como estratégia para transformar a realidade das populações que habitam as periferias das cidades. Apesar de algumas pessoas pouco familiarizadas com esse movimento associarem-no a práticas delinquentes – estereótipo reforçado por alguns *rappers* que escolhem adotar uma postura de elogio ao crime –, uma prática que se disseminou na realidade brasileira a partir dos anos 1990 foi fazer do ensino de técnicas que exigem bastante agilidade mental e física, como o *break* e as rimas de *rap*, uma forma de convencer jovens em idade escolar a guardar distância de práticas criminosas e do uso de drogas. Se, entre as classes mais abastadas, esses fatores já causam transtornos aos jovens e às suas famílias, para os jovens pertencentes às camadas de renda mais baixa, o resultado desse envolvimento é a prisão ou até mesmo a morte precoce.

As jornalistas autoras de *Hip-hop: a periferia grita* acompanharam alguns encontros promovidos pelo grupo de *break* Jabaquara Breakers, que realizava oficinas e encontros em escolas na cidade de São Paulo e em outros municípios, divulgando as técnicas e práticas do *break*, que se traduzem tanto na obtenção de agilidade para realizar os complexos movimentos dessa dança quanto no comprometimento com princípios éticos, como os de manter-se afastado do consumo de bebidas alcoólicas e de outras drogas e não usar o prestígio alcançado pela posição de *b.boy* e *b.girls* de forma inadequada. Ao mesmo tempo, as práticas de disputa de dança *break* devem ser cordiais: o objetivo de uma disputa entre dançarinos não é apenas vencer o outro a qualquer custo, mas sim ter o estímulo da competição para alcançar a melhor qualidade de expressão artística em passos de dança inesperados, de modo cordial e respeitoso.

Estereótipo: ideia preconcebida sobre algo ou alguém, sem o seu conhecimento real, muitas vezes preconceituosa ou repleta de generalizações e inverdades.

QUESTÕES

1. Você conhece outras manifestações artísticas que, à semelhança do *break*, preveem a disputa entre dois artistas em meio a uma roda?

2. Como você vê a importância das atitudes de **persistir** e **assumir riscos com responsabilidade** na trajetória de um jovem dançarino de *break*?

3. Pensando na ideia de que o *break* deu origem a projetos sociais e criou as figuras dos *b.boys* e *b.girls*, que, de acordo com alguns dos mestres desse estilo, devem ter uma conduta que sirva de exemplo aos jovens com quem convivem, como você associaria a atitude de **pensar de maneira interdependente** com a responsabilidade que esses jovens assumem?

A RUA COMO ESPAÇO DE CELEBRAÇÃO

A dança também faz parte de festejos e de celebrações que acontecem tradicionalmente em todo o Brasil. Do samba ao forró, ritmos que marcaram todo o desenvolvimento da cultura brasileira têm suas próprias formas de dança, que podem ser executadas no espaço reservado de um salão ou no meio da rua, no mesmo espaço em que são desempenhadas outras atividades cotidianas.

Um exemplo disso é o **frevo**, expressão musical, coreográfica e poética que surgiu nos festejos de carnaval em Pernambuco, no fim do século XIX. Observe a foto reproduzida a seguir.

Grupo de passistas dança o frevo, em Recife (PE). Foto de 2018.

Alguns estudiosos propõem que o termo *frevo* tenha se originado da palavra *fervo* (do verbo *ferver*), aludindo ao ritmo "quente" e vigoroso dessa dança. A coreografia do frevo se caracteriza por movimentos frenéticos e intensos, em que os passistas (nome dado aos dançarinos de frevo) flexionam pernas e braços, sobem e descem o corpo e dão saltos. Acredita-se que vários desses elementos tenham sido incorporados ao frevo a partir da ginga da capoeira.

Outro elemento marcante do frevo é a pequena sombrinha multicolorida que os passistas levam nas mãos. Observe a foto desta página.

No vídeo indicado ao lado, saiba mais sobre a história e confira os principais passos do frevo.

 Passos do frevo

Neste vídeo, a bailarina e pesquisadora Inaê Silva conta a história do frevo e executa os principais passos da dança.
Disponível em <http://mod.lk/aa9u4t2>.

COMPREENDER UM TEXTO

Um bem do patrimônio cultural brasileiro

"O Frevo [...] é uma forma de expressão musical, coreográfica e poética densamente enraizada em Recife e Olinda, no Estado de Pernambuco. [...] Em 2012, o Frevo: expressão artística do Carnaval de Recife foi incluído na Lista Representativa do Patrimônio Cultural Imaterial da Humanidade da Unesco.

A história do frevo está registrada na memória coletiva do povo pernambucano, nos modos como essas pessoas povoam a vida sociocultural do Recife, sua forma de organização; participação da população na festa, no cotidiano, nas intenções políticas e sentidos por elas atribuídos. Manifestação artística da cultura pernambucana, desempenha importante papel na formação da música brasileira, sendo uma das suas raízes.

[...]

Do repertório eclético das bandas de música, composto por variados estilos musicais, resultaram suas três modalidades, ainda vigentes: frevo de rua, frevo de bloco e frevo-canção. Simultaneamente à música, foi-se inventando o passo, isto é, a dança frenética característica do frevo. Improvisada na rua, liberta e vigorosa, criada e recriada por passistas, a dança de jogo de braços e de pernas é atribuída à ginga dos capoeiristas, que assumiam a defesa de bandas e blocos, ao mesmo tempo em que criavam a coreografia.

Frevo em Recife fotografado por Pierre Verger em 1947. Fundação Pierre Verger.

Produto desse contexto sócio-histórico singular, desde suas origens, o Frevo expressa um protesto político e uma crítica social em forma de música, de dança e de poesia, constituindo-se em símbolo de resistência da cultura pernambucana e em expressão significativa da diversidade cultural brasileira."

INSTITUTO DO PATRIMÔNIO HISTÓRICO E ARTÍSTICO NACIONAL (Iphan). Frevo. Disponível em: <http://portal.iphan.gov.br/pagina/detalhes/62>. Acesso em: 20 ago. 2018.

QUESTÕES

1. De acordo com o texto, como se define o frevo e onde ele surgiu?

2. Como são e em que se basearam os passos do frevo?

3. Quais são as modalidades do frevo?

ATIVIDADE PRÁTICA

- Agora que você aprendeu sobre o frevo, vamos praticar?

  a) Vamos aprender o **passo tesoura**, um dos passos mais conhecidos dessa dança.

  O **passo tesoura** é um passo com movimento cruzado das pernas e pés, com pequenos deslocamentos à direita e à esquerda. Enquanto o executa, deixe os braços moverem-se livremente, focando a atenção no movimento das pernas.

  Apoie o peso do corpo sobre o pé direito e abra a perna esquerda para a diagonal, à frente, como na imagem abaixo. Repare que o peso do corpo se desloca todo para a perna de apoio. A perna que está aberta está somente com o calcanhar apoiado no chão.

  b) Com um pequeno salto, feche a perna esquerda, passando-a pela frente da perna de apoio. Veja a imagem.

  c) Nesse momento, inverta as pernas. Com mais um pequeno salto, apoie todo o peso do corpo na perna esquerda, e abra a direita para a diagonal, à frente. Repare que o peso do corpo agora está todo sobre a perna de apoio, e a perna aberta está com o calcanhar apoiado no chão.

  d) Com outro pequeno salto, feche a perna direita, passando-a pela frente da perna de apoio. Veja na imagem.

  Então, recomece a sequência. Repita esses movimentos até conseguir executá-los com rapidez e agilidade.

TEMA 3
DANÇA E TECNOLOGIA

A DANÇA E OS RECURSOS DIGITAIS

Nas Unidades anteriores, você conheceu artistas que empregam recursos tecnológicos para criar suas obras. Desde o começo do século XX, novas possibilidades, como gravar e reproduzir sons e projetar imagens com luz, criaram uma nova indústria de massa, mas também abriram campos de pesquisa para artistas que viram nessas técnicas recursos que podem colaborar para a construção de linguagens inovadoras no campo da arte. As videoinstalações são exemplos de obras artísticas criadas com o auxílio de recursos técnicos atuais, especialmente aqueles que usam sistemas digitais.

A popularização de equipamentos que cumprem funções que há poucos anos não eram acessíveis ao público geral – como gravar um vídeo e imediatamente difundi-lo entre um grande grupo de pessoas, ou mesmo transmitir publicamente e em tempo real um acontecimento – afetou diretamente o universo da dança. Muitos coreógrafos e bailarinos/dançarinos descobriram na interface digital um meio de ampliar as possibilidades criativas e poéticas. Nesse contexto, é possível observar seu uso tanto utilitário quanto estético.

Observe a foto reproduzida a seguir. Você consegue imaginar que recursos tecnológicos foram utilizados na concepção do espetáculo retratado?

As dançarinas Julia Viana e Luiza Folegatti apresentam o espetáculo *Corpo Projeção*, em São Paulo (SP), em 2014.

CORPO PROJEÇÃO

A foto da página anterior mostra uma cena de *Corpo Projeção*, apresentação de dança concebida e realizada pelas artistas Julia Viana e Luiza Folegatti. Nesse espetáculo, as artistas dançam em constante diálogo com projeções de vídeo que modelam o espaço a todo momento e conduzem o espectador em diferentes percepções de tempo e espaço, num fluxo contínuo.

Veja, a seguir, outras imagens de *Corpo Projeção*.

Julia Viana (à esquerda) e Luiza Folegatti em apresentação de *Corpo Projeção*, em Campinas (SP), em 2015.

Apresentação do espetáculo *Corpo Projeção*, em São Paulo (SP), em 2015.

Na apresentação de *Corpo Projeção*, o espaço é uma sala com três projeções nas paredes cuja configuração proporciona diferentes relações entre as imagens e o corpo das artistas, ora se misturando, ora criando relações de oposição entre si, promovendo uma espécie de jogo entre o real e o virtual.

A imagem projetada se relaciona com a arquitetura dos locais de apresentação e o corpo das artistas, como superfícies em que a movimentação acontece conforme o jogo entre luzes, cores e formas do vídeo e da dança. Ela permite que o espetáculo oscile entre imagens de mundos internos, traduzindo imagens subjetivas, ideias, pensamentos e sonhos, e de mundos externos, com imagens cotidianas, paisagens e objetos.

UMA PROPOSTA MULTILINGUAGEM

Criado em 2013 pelas artistas Julia Viana e Luiza Folegatti, o projeto Corpo Projeção tem como proposta abordar o ponto de confluência entre a dança, o vídeo e a projeção, com base em experimentações artísticas.

Tendo formações distintas – Julia é formada em Dança e Luiza em Midialogia –, com o projeto Corpo Projeção essas artistas se propõem a pesquisar as possibilidades de criação de trabalhos artísticos que extrapolem os limites entre as linguagens, por meio de exercícios de sobreposição, fusão, justaposição de imagens do corpo e da projeção.

Também colaboram com o projeto Corpo Projeção a produtora Isabela Maia, o artista gráfico Marcus Braga, o músico Victor Negri, a *webdesigner* Ana Rute Mendes, entre outros.

Julia Viana, em foto de 2014.

Luiza Folegatti, em foto de 2014.

Depoimento de Julia Viana

No depoimento a seguir, a dançarina Julia Viana apresenta mais informações sobre o projeto Corpo Projeção.

"A pesquisa que move o projeto Corpo Projeção investiga experimentos criativos entre dança, vídeo, projeção e música, dialogando com os questionamentos contemporâneos sobre as fronteiras entre as linguagens artísticas e entre arte e vida. Propomos estudar como a dança cria imagens e como as imagens criam dança, construindo um processo criativo com base nessa relação. Esses dois fluxos de experimento se cruzam e constituem o impulso criativo do projeto Corpo Projeção.

Por meio de vídeos criados com imagens sugeridas com base no movimento corporal, em investigações sobre fluxo, impulso e duração, ampliamos essas imagens com o projetor sob o corpo em movimento e a arquitetura do espaço. Essa experiência resulta na criação de um ambiente em que o movimento e a imagem, do corpo e do vídeo, sobrepostos, configuram uma instalação audiovisual e coreográfica.

A partir da dança e das imagens internas provocadas pelas projeções, são criadas novas propostas de captação de imagens externas, gerando novos vídeos a serem projetados. Com esses experimentos, construiu-se, aos poucos, um retrato íntimo e em constante transformação das formas, dos espaços e das experiências que o processo percorreu.

A pesquisa sobre a construção do corpo, dos vídeos, das projeções e da instalação baseia-se nos estudos sobre dança e imagem realizados por mim e pela Luiza Folegatti. Essa pesquisa teve início em 2012 com o nosso encontro no processo de criação de *Bando*, do Grupo Vão, coletivo de dança contemporânea. Em 2013, essa proposta tomou forma como projeto artístico, no espaço do Condomínio Cultural em São Paulo, com o nome Corpo Projeção. Utilizando a pesquisa corporal e as tecnologias de vídeo e de projeção, esse projeto tem-se configurado uma experiência em que os elementos das diferentes linguagens artísticas se influenciam, sem hierarquia, e a nossa formação (Midialogia e Dança) vem passando por um processo de se arriscar em fusão, de modo que ambas manipulam imagens e realizam *performances*.

Corpo Projeção é um projeto de interlinguagem artística. Nesse encontro de linguagens, procuramos trazer para o público outra experiência de tempo. [...]."

Depoimento concedido especialmente para esta Coleção, em setembro de 2018.

PIXEL

Um dos mais conhecidos espetáculos de dança com projeções é *Pixel*, da companhia francesa de dança Käfig. No desenvolvimento desse trabalho, o coreógrafo e diretor Mourad Merzouki convidou os artistas digitais Claire Bardainne e Adrien Mondot para criar uma série de projeções com as quais os dançarinos contracenam durante a apresentação do espetáculo. Veja as fotos reproduzidas a seguir.

Dois momentos do espetáculo *Pixel*, em que os integrantes da companhia francesa de dança Käfig contracenam com projeções, em Créteil, França, em 2014.

O REAL E O VIRTUAL

Assim como em *Corpo Projeção*, no espetáculo *Pixel* a companhia de dança Käfig propõe uma fusão entre o real e o virtual, e o espectador tem dificuldade para diferenciar entre o que é real e o que é virtual. No espetáculo, os dançarinos, além de se adaptar ao espaço virtual, têm de se adequar ao ritmo das projeções. A apresentação é acompanhada por músicas que remetem à cultura *hip-hop* – movimento que estudamos no Tema 2.

Integrantes da companhia Käfig de dança em duas cenas do espetáculo *Pixel*, Créteil, França, em 2014.

O que é um pixel?

"[...]

O pixel é a menor unidade de uma imagem digital. Aliás, o termo vem da contração da expressão *picture element* ("elemento da imagem", em inglês). Se você der um *zoom* máximo numa foto digital, verá que ela é formada por vários quadradinhos – os pixels. A cor de cada pixel é fruto da combinação de três cores básicas: vermelha, verde e azul. Cada uma dessas três cores possui 256 tonalidades, da mais clara à mais escura, que, combinadas, geram mais de 16 milhões de possibilidades de cores. Os pixels são agrupados em linhas e colunas para formar uma imagem. Uma foto digital de 800 × 600 pixels, por exemplo, tem em sua composição 800 pixels de largura por 600 de altura, ou seja, é formada por 480 mil pixels, todos do mesmo tamanho. Quanto maior o número de pixels, maior o volume de informação armazenada. Em outras palavras, quanto mais pixels uma imagem tiver, melhor será a sua qualidade e, assim, mais fiel ela será ao objeto real."

PORTILHO, Gabriela. O que é um pixel?, *Superinteressante*, 3 mar. 2009. Disponível em: <https://super.abril.com.br/mundo-estranho/o-que-e-um-pixel/>. Acesso em: 14 out. 2018.

Ilustração representando pixels.

A VIDEODANÇA

A possibilidade de realizar o registro e a reprodução de imagens-movimento é relativamente recente, e remonta ao final do século XIX. A primeira relação entre dança e vídeo nasceu da necessidade de registrar a dança. Diferentemente da música, que pode ser gravada ou registrada em uma partitura, ou de um quadro ou livro, a dança é uma arte fugaz, que só acontece no momento em que é dançada. Por isso, havia a preocupação em registrar os trabalhos coreográficos e criar, assim, um acervo para que a história da dança não se perdesse. No registro, a câmera geralmente é colocada de frente para o local da apresentação, o que é chamado de *tomada geral*, pois filma a coreografia num único e contínuo enquadramento.

No entanto, assim como o cinema utilizava essa linguagem audiovisual como forma artística e poética, coreógrafos começaram a enxergar nessa plataforma uma nova possibilidade para a dança. Assim, o vídeo passou a fazer parte da criação, dando origem à **videodança**. Nesses vídeos, a perspectiva da câmera e a montagem das cenas filmadas deixaram de ser usadas de forma tão neutra como nos registros de apresentações.

O bailarino e coreógrafo estadunidense Merce Cunningham (1919-2009) foi o primeiro a fazer experimentos explorando a relação entre vídeo e dança. Sua primeira videodança foi *Westbeth*, uma colagem de seis partes que tinha a intenção de provocar mudanças da percepção da passagem do tempo utilizando os recursos do vídeo.

Merce Cunningham em Avignon, na França, em 1988.

A VIDEODANÇA NO BRASIL

A videodança é uma criação em que as danças são concebidas especialmente para ser vistas em uma tela. Assim, os movimentos da câmera, assim como a escolha dos planos, o *zoom*, os enquadramentos, a montagem dos quadros e a edição das cenas são tão importantes para o resultado final quanto os movimentos dos bailarinos gravados pela câmera.

Conheça, no vídeo indicado ao lado, o trabalho de videodança produzido pela artista multimídia Cynthia Domenico.

Na videodança, a imagem em vídeo é resultado do trabalho do coreógrafo – responsável pelas coreografias – e do *videomaker* – responsável pela concepção e pela edição das imagens.

Veja a seguir fotogramas da videodança *Retina*, desenvolvida pelo grupo Margaridas Dança, de Brasília (DF), em 2009.

Videodança

Neste vídeo, a artista multimídia Cynthia Domenico fala sobre sua trajetória em produções de videodança. Disponível em <http://mod.lk/aa9u4t3>.

Cenas da videodança *Retina*, do grupo Margaridas Dança, 2009. Roteiro e coreografia de Laura Virginia.

ATIVIDADE PRÁTICA

Você estudou algumas possibilidades de associação entre dança e tecnologia. Diversos grupos do Brasil e do mundo se interessam pela pesquisa de linguagens artísticas nesse sentido e têm desenvolvido seus trabalhos nos mais diversos espaços.

- Nesta atividade, você vai experimentar a criação de uma videodança com os colegas. Para isso, vocês usarão a câmera do telefone celular de algum componente do grupo. Os vídeos devem ter um minuto de duração. Para isso, sigam os passos descritos a seguir.

    a) Sob a orientação do professor, formem grupos de quatro integrantes. Escolham juntos um lugar da escola para realizar a videodança.

    b) O grupo se dividirá entre dois dançarinos, um diretor e um responsável por filmar o trabalho.

    c) Depois de definidos esses papéis, criem uma coreografia que dialogue com o local escolhido. Para isso, vocês devem experimentar alguns movimentos interagindo livremente com o espaço escolhido, enquanto o diretor e a pessoa responsável pela filmagem observam e fazem sugestões. Vocês podem ainda usar os métodos estudados nas Unidades anteriores da maneira como acharem melhor.

    d) Espera-se que o diretor e a pessoa responsável pela câmera pesquisem o uso de recursos como *zoom*, foco, enquadramento e mudanças de ponto de vista. Lembrem-se de que o modo de gravar também faz parte da criação artística. Ousem e experimentem várias maneiras de fazer isso. Nesse momento vocês podem gravar mais de um minuto de cena, tendo em vista que na próxima etapa o grupo vai editar as imagens gravadas para montar a videodança final.

    e) Agora, vocês vão editar o que foi gravado. A pessoa responsável pela filmagem e o diretor devem coordenar esse trabalho, mas todos os participantes do grupo podem sugerir ideias e procurar a melhor forma de criar uma sequência com as imagens filmadas.

    f) Compartilhem o trabalho com os colegas de turma.

    g) Formem uma roda e conversem sobre o processo de criação, de gravação e sobre o que vocês assistiram dos outros trabalhos.

ORGANIZAR O CONHECIMENTO

1. Identifique cada afirmativa a seguir como verdadeira (V) ou falsa (F).

( ) *Na reta de 4 corpos* é um tipo de intervenção em forma de cortejo, no qual os dançarinos do Grupo Contemporâneo de Dança Livre se deslocam em apenas uma direção, interagindo e modificando o cotidiano da cidade escolhida para a apresentação.

Se você errou essa resposta, retome a leitura do tópico "As ruas como palco".

( ) O AVOA! Núcleo Artístico se dedica à criação de espetáculos de dança na rua e pesquisa a relação entre a dança e os contextos e lugares que extrapolam o palco convencional. Um dos projetos desenvolvidos por eles é *Solos de rua*, dirigido pela coreógrafa, professora e dançarina Luciana Bortoletto.

Se você errou essa resposta, retome a leitura do tópico "*Solos de rua*".

( ) Os grupos de dança contemporânea dedicam-se ao desenvolvimento de propostas que visam a repensar a relação da arte com o espaço, aproximando-a do público. As ruas e as praças, no entanto, são palco de diversas modalidades de dança que surgiram em espaços urbanos – as denominadas "danças urbanas". Uma das mais conhecidas dessas danças é o frevo.

Se você errou essa resposta, retome a leitura do tópico "Dança de rua".

( ) O *break* surgiu na década de 1970, nos Estados Unidos, como parte de um movimento cultural que reunia elementos das culturas jamaicana, latino-americana e afro-americana. Esse movimento, conhecido como *hip-hop*, se caracterizava pela realização de festas em locais públicos, como quadras de esporte e praças públicas, e disseminou-se por diversos países. Além do *break*, são expressões do movimento *hip-hop* o grafite, nas artes visuais, e o *rap*, na música.

Se você errou essa resposta, retome a leitura do tópico "A cultura *hip-hop*".

2. Complete as afirmações abaixo.

a) Na intervenção _____, um grupo de dançarinos desenvolve sequências coreográficas, ensaiadas previamente, ao redor de uma carcaça de automóvel. A cada nova realização, a intervenção é alterada por elementos presentes nas ruas, como os sons e as características físicas de cada local, bem como pela interação com o público. *Carcaça* promove um protesto e uma crítica ao consumismo das atuais sociedades, que veem o automóvel como um símbolo de poder, conforto e progresso material.

Se você errou essa resposta, retome a leitura do tópico da página 158.

b) A _____ é uma criação em que as danças são concebidas especialmente para serem vistas em uma tela. Os movimentos da câmera, assim como a escolha dos planos, o *zoom*, os enquadramentos, a montagem dos quadros e a edição das cenas são tão importantes para o resultado final quanto os movimentos dos bailarinos gravados pela câmera.

Se você errou essa resposta, retome a leitura da página 180.

c) O _____ (abreviação de _____) é o profissional que programa e executa as músicas que tocam em programas de rádio, em eventos ou em festas. Para produzir os sons eletrônicos que compõem a base rítmica das músicas, ele utiliza diversos equipamentos. Um efeito sonoro muito utilizado é o **scratch** – som provocado pelo atrito da agulha com o disco de vinil.

Se você errou essa resposta, retome a leitura da seção "Outras experiências: O *rap*".

d) O responsável por compor e cantar as letras de *rap* é o _____ (abreviação de _____, que em português significa "_____"), também conhecido como _____.

Se você errou essa resposta, retome a leitura da seção "Outras experiências: O *rap*".

e) O _____ é um estilo de música popular que se caracteriza pela interpretação de rimas improvisadas sobre um acompanhamento rítmico.

Se você errou essa resposta, retome a leitura da seção "Outras experiências: O *rap*".

BIBLIOGRAFIA

ARGAN, Giulio Carlo. *Arte moderna*. Tradução Denise Bottmann e Federico Carotti. São Paulo: Companhia das Letras, 1992.

BARBOSA, Ana Mae. *Redesenhando o desenho*: educadores, política e história. São Paulo: Cortez, 2015.

BARBOSA, Ana Mae; CUNHA, Fernanda (Org.). *Abordagem triangular no ensino das artes e culturas visuais*. São Paulo: Cortez, 2010.

BERTHOLD, Margot. *História mundial do teatro*. Tradução Maria Paula V. Zurawski, J. Guinsburg, Sérgio Coelho e Clóvis Garcia. 6. ed. São Paulo: Perspectiva, 2014.

BOURCIER, Paul. *História da dança no Ocidente*. Tradução Marina Appenzeller. 2. ed. São Paulo: Martins Fontes, 2001.

BRASIL. Ministério da Educação. *Base Nacional Comum Curricular*. Brasília: MEC, 2017.

BRASIL. Secretaria de Educação Fundamental. *Parâmetros Curriculares Nacionais*: arte. Brasília: MEC/SEF, 1998.

BRITO, Teca Alencar de. *Koellreutter educador*: o humano como objetivo da educação musical. 2. ed. São Paulo: Peirópolis, 2011.

CASCUDO, Luiz da Câmara. *Dicionário do folclore brasileiro*. 9. ed. São Paulo: Global, 2000.

CAUQUELIN, Anne. *Arte contemporânea*: uma introdução. Tradução Rejane Janowitzer. São Paulo: Martins, 2005. (Coleção Todas as artes)

COSTA, Cristina. *Questões de arte*: o belo, a percepção estética e o fazer artístico. 2. ed. reform. São Paulo: Moderna, 2004.

CUNHA, Fernanda. *Cultura digital na e-arte-educação*: educação digital crítica. Tese (doutorado). Escola de Comunicações e Artes da Universidade de São Paulo, 2008.

CUNHA, Newton. *Dicionário Sesc*: a linguagem da cultura. São Paulo: Sesc São Paulo/Perspectiva, 2003.

DECKERT, Marta. *Educação musical*: da teoria à prática na sala de aula. São Paulo: Moderna, 2012.

DONDIS, Donis A. *Sintaxe da linguagem visual*. Tradução Jefferson Luiz Camargo. 3. ed. São Paulo: Martins Fontes – Selo Martins, 2015.

FARIA, João Roberto; GUINSBURG, Jacó; LIMA, Mariangela Alves de (Org.). *Dicionário do teatro brasileiro*. São Paulo: Perspectiva, 2009.

FARIAS, Agnaldo. *Arte brasileira hoje*. São Paulo: Publifolha, 2002. (Coleção Folha explica)

FONTERRADA, Marisa Trench de Oliveira. *De tramas e fios*: um ensaio sobre música e educação. 2. ed. São Paulo: Editora Unesp; Rio de Janeiro: Funarte, 2008.

GOMBRICH, E. H. *A história da arte*. Tradução Cristiana de Assis Serra. Rio de Janeiro: LTC, 2013.

GUINSBURG, J.; BARBOSA, Ana Mae. *O pós-modernismo*. São Paulo: Perspectiva, 2005.

ISAACS, Alan; MARTIN, Elizabeth (Org.). *Dicionário de música*. Tradução Álvaro Cabral. Rio de Janeiro: Zahar, 1985.

KOUDELA, Ingrid Dormien. *Jogos teatrais*. 7. ed. São Paulo: Perspectiva, 2011. (Debates Teatro)

KRIEGER, Elisabeth. *Descobrindo a música*: ideias para a sala de aula. 3. ed. Porto Alegre: Sulina, 2012.

LABAN, Rudolf. *Dança educativa moderna*. Tradução Maria da Conceição Parayba Campos. São Paulo: Ícone, 1990.

_____. *Domínio do movimento*. Ed. organizada por Lisa Ullmann. Tradução Anna Maria Barros De Vecchi e Maria Sílvia Mourão Netto. São Paulo: Summus, 1978.

MARIANI, Silvana. Émile Jaques-Dalcroze – A música e o movimento. In: MATEIRO, Teresa; ILARI, Beatriz (Org.). *Pedagogias em educação musical*. Curitiba: IBPEX, 2011.

MARQUES, Isabel A. *Dançando na escola*. 6. ed. São Paulo: Cortez, 2012.

_____. *Ensino de dança hoje*: textos e contextos. 6. ed. São Paulo: Cortez, 2011.

_____. *Linguagem da dança*: arte e ensino. São Paulo: Digitexto, 2010.

OSTROWER, Fayga. *Universos da arte*. 24. ed. Rio de Janeiro: Elsevier; Campus, 2004.

PAVIS, Patrice. *Dicionário de teatro*. Tradução J. Guinsburg e Maria Lúcia Pereira (Dir.). 3. ed. São Paulo: Perspectiva, 2011.

PENNA, Maura. *Música(s) e seu ensino*. Porto Alegre: Sulina, 2015.

RAMALDES, Karine; CAMARGO, Robson Corrêa de. *Os jogos teatrais de Viola Spolin*: uma pedagogia da experiência. Goiânia: Kelps, 2017.

READ, Herbert. *O sentido da arte*. São Paulo: Ibrasa, 1987.

SADIE, Stanley (Ed.). *Dicionário Grove de música*. Tradução Eduardo Francisco Alves. Rio de Janeiro: Jorge Zahar, 1994.

SOUZA, Marina de Mello e. *África e Brasil africano*. São Paulo: Ática, 2006.

SPOLIN, Viola. *Jogos teatrais*: o fichário de Viola Spolin. Tradução Ingrid Dormien Koudela. 3. ed. São Paulo: Perspectiva, 2014.

_____. *Jogos teatrais para a sala de aula*: um manual para o professor. Tradução Ingrid Dormien Koudela. São Paulo: Perspectiva, 2007.

TATIT, Ana; MACHADO, Maria Silvia M. *300 propostas de artes visuais*. 3. ed. São Paulo: Loyola, 2003.

TINHORÃO, José Ramos. *Pequena história da música popular*: da modinha à lambada. 6. ed. rev. aum. São Paulo: Art, 1991.

GUIA DO CD

Faixa 01: Gravação original da canção "Admirável chip novo", de Pitty, páginas 18, 20
(Pitty)

Faixa 02: Tio Gaspar, de Luca Alves, com o Luca Alves Rockabilly Quarteto, página 22
(Produção: Bruno Brito, Guitarras: Luca Alves, Piano: Giovanni Bonfim, Baixo: Rafael Franciscangelis, Bateria: Maurício Gaspar)

Faixa 03: Solo de guitarra da música "Admirável chip novo", página 24
(Produção musical e arranjos: Marcelo Pacheco)

Faixa 04: *Allegro* (BWV998), de Johann Sebastian Bach, ao som do alaúde, página 25
(Julian_Bream_Lute / mp3co.biz)

Faixa 05: Som da *vihuela*, página 25
(Fantasia XI – Luis de Milán / mp3co.biz)

Faixa 06: Solo da música "Admirável chip novo" acrescido do som do teclado, página 26
(Produção musical e arranjos: Marcelo Pacheco)

Faixa 07: Solo da música "Admirável chip novo" acompanhado do som do baixo elétrico, página 26
(Produção musical e arranjos: Marcelo Pacheco)

Faixa 08: Solo da música "Admirável chip novo" acompanhado da percussão da bateria, página 26
(Produção musical e arranjos: Marcelo Pacheco)

Faixa 09: Características da bossa nova, página 30
(Produção musical e arranjos: Marcelo Pacheco / Voz: Carolina de Moraes)

Faixa 10: "Tropicália", de Caetano Veloso, página 34
(Produção musical e arranjos: Marcelo Pacheco / Voz: Cristiano José Gouveia)

Faixa 11: "Coisas nossas", de Noel Rosa, página 35
(Produção musical, arranjos e voz: Marcelo Pacheco)

Faixa 12: "Pra não dizer que não falei das flores", de Geraldo Vandré, página 37
(Produção musical, arranjos e voz: Marcelo Pacheco)

Faixa 13: "Apesar de você", de Chico Buarque, página 39
(Produção musical, arranjos e voz: Marcelo Pacheco)

Faixa 14: "Brasil", de Cazuza, George Israel e Nilo Romero, página 43
(Produção musical, arranjos e voz: Marcelo Pacheco)

Faixa 15: Versão instrumental de "Brasil", de Cazuza, George Israel e Nilo Romero, página 43
(Arranjo e execução: Marcelo Pacheco)

Faixa 16: Trecho de música com instrumentos não convencionais, com Hermeto Pascoal, página 51
(Hermeto Pascoal)

Faixa 17: "Quando as aves se encontram nasce o som", de Hermeto Pascoal, página 51
(Hermeto Pascoal)

Faixa 18: Música eletroacústica, de José Augusto Mannis, página 56
(José Augusto Mannis)

Faixa 19: Música criada pelo DJ Caio Moura, página 58
(*Sound design*, arranjo e composição: DJ Caio Moura)

Faixa 20: Gravação original da música "Passarada", de Fernando Sardo, página 60
(Fernando Sardo)

Faixa 21: "Cheguei", de Jonathan Silva, com a Cia. do Tijolo, página 141
(Jonathan Silva – Cia. do Tijolo)

Faixa 22: *Scratch*, página 162
(Arranjo e execução: Eduardo Brechó)

Faixa 23: "Lado bom", de Ferréz, página 163, 167
(Produção musical e arranjos: Marcelo Pacheco / Voz: Ítalo Siqueira)

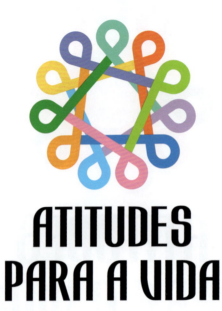

ATITUDES PARA A VIDA

As *Atitudes para a vida* são comportamentos que nos ajudam a resolver as tarefas que surgem todos os dias, desde as mais simples até as mais desafiadoras. São comportamentos de pessoas capazes de resolver problemas, de tomar decisões conscientes, de fazer as perguntas certas, de se relacionar bem com os outros e de pensar de forma criativa e inovadora.

As atividades que apresentamos a seguir vão ajudá-lo a estudar os conteúdos e a resolver as atividades deste livro, incluindo as que parecem difíceis demais em um primeiro momento.

Toda tarefa pode ser uma grande aventura!

PERSISTIR

Muitas pessoas confundem persistência com insistência, que significa ficar tentando e tentando e tentando, sem desistir. Mas persistência não é isso! Persistir significa buscar estratégias diferentes para conquistar um objetivo.

Antes de desistir por achar que não consegue completar uma tarefa, que tal tentar outra alternativa?

Algumas pessoas acham que atletas, estudantes e profissionais bem-sucedidos nasceram com um talento natural ou com a habilidade necessária para vencer. Ora, ninguém nasce um craque no futebol ou fazendo cálculos ou sabendo tomar todas as decisões certas. O sucesso muitas vezes só vem depois de muitos erros e muitas derrotas. A maioria dos casos de sucesso é resultado de foco e esforço.

Se uma forma não funcionar, busque outro caminho. Você vai perceber que desenvolver estratégias diferentes para resolver um desafio vai ajudá-lo a atingir os seus objetivos.

CONTROLAR A IMPULSIVIDADE

Quando nos fazem uma pergunta ou colocam um problema para resolver, é comum darmos a primeira resposta que vem à cabeça. Comum, mas imprudente.

Para diminuir a chance de erros e de frustrações, antes de agir devemos considerar as alternativas e as consequências das diferentes formas de chegar à resposta. Devemos coletar informações, refletir sobre a resposta que queremos dar, entender bem as indicações de uma atividade e ouvir pontos de vista diferentes dos nossos.

Essas atitudes também nos ajudarão a controlar aquele impulso de desistir ou de fazer qualquer outra coisa para não termos que resolver o problema naquele momento. Controlar a impulsividade nos permite formar uma ideia do todo antes de começar, diminuindo os resultados inesperados ao longo do caminho.

Atitudes para a vida

ESCUTAR OS OUTROS COM ATENÇÃO E EMPATIA

Você já percebeu o quanto pode aprender quando presta atenção ao que uma pessoa diz? Às vezes recebemos importantes dicas para resolver alguma questão. Outras vezes, temos grandes ideias quando ouvimos alguém ou notamos uma atitude ou um aspecto do seu comportamento que não teríamos percebido se não estivéssemos atentos.

Escutar os outros com atenção significa manter-nos atentos ao que a pessoa está falando, sem estar apenas esperando que pare de falar para que possamos dar a nossa opinião. E empatia significa perceber o outro, colocar-nos no seu lugar, procurando entender de verdade o que está sentindo ou por que pensa de determinada maneira.

Podemos aprender muito quando realmente escutamos uma pessoa. Além do mais, para nos relacionar bem com os outros — e sabemos o quanto isso é importante —, precisamos prestar atenção aos seus sentimentos e às suas opiniões, como gostamos que façam conosco.

PENSAR COM FLEXIBILIDADE

Você conhece alguém que tem dificuldade de considerar diferentes pontos de vista? Ou alguém que acha que a própria forma de pensar é a melhor ou a única que existe? Essas pessoas têm dificuldade de pensar de maneira flexível, de se adaptar a novas situações e de aprender com os outros.

Quanto maior for a sua capacidade de ajustar o seu pensamento e mudar de opinião à medida que recebe uma nova informação, mais facilidade você terá para lidar com situações inesperadas ou problemas que poderiam ser, de outra forma, difíceis de resolver.

Pensadores flexíveis têm a capacidade de enxergar o todo, ou seja, têm uma visão ampla da situação e, por isso, não precisam ter todas as informações para entender ou solucionar uma questão. Pessoas que pensam com flexibilidade conhecem muitas formas diferentes de resolver problemas.

ESFORÇAR-SE POR EXATIDÃO E PRECISÃO

Para que o nosso trabalho seja respeitado, é importante demonstrar compromisso com a qualidade do que fazemos. Isso significa conhecer os pontos que devemos seguir, coletar os dados necessários para oferecer a informação correta, revisar o que fazemos e cuidar da aparência do que apresentamos.

Não basta responder corretamente; é preciso comunicar essa resposta de forma que quem vai receber e até avaliar o nosso trabalho não apenas seja capaz de entendê-lo, mas também que se sinta interessado em saber o que temos a dizer.

Quanto mais estudamos um tema e nos dedicamos a superar as nossas capacidades, mais dominamos o assunto e, consequentemente, mais seguros nos sentimos em relação ao que produzimos.

QUESTIONAR E LEVANTAR PROBLEMAS

Não são as respostas que movem o mundo, são as perguntas.

Só podemos inovar ou mudar o rumo da nossa vida quando percebemos os padrões, as incongruências, os fenômenos ao nosso redor e buscamos os seus porquês.

E não precisa ser um gênio para isso, não! As pequenas conquistas que levaram a grandes avanços foram — e continuam sendo — feitas por pessoas de todas as épocas, todos os lugares, todas as crenças, os gêneros, as cores e as culturas. Pessoas como você, que olharam para o lado ou para o céu, ouviram uma história ou prestaram atenção em alguém, perceberam algo diferente, ou sempre igual, na sua vida e fizeram perguntas do tipo "Por que será?" ou "E se fosse diferente?".

Como a vida começou? E se a Terra não fosse o centro do universo? E se houvesse outras terras do outro lado do oceano? Por que as mulheres não podiam votar? E se o petróleo acabasse? E se as pessoas pudessem voar? Como será a Lua?

E se...? (Olhe ao seu redor e termine a pergunta!)

APLICAR CONHECIMENTOS PRÉVIOS A NOVAS SITUAÇÕES

Esta é a grande função do estudo e da aprendizagem: sermos capazes de aplicar o que sabemos fora da sala de aula. E isso não depende apenas do seu livro, da sua escola ou do seu professor; depende da sua atitude também!

Você deve buscar relacionar o que vê, lê e ouve aos conhecimentos que já tem. Todos nós aprendemos com a experiência, mas nem todos percebem isso com tanta facilidade.

Devemos usar os conhecimentos e as experiências que vamos adquirindo dentro e fora da escola como fontes de dados para apoiar as nossas ideias, para prever, entender e explicar teorias ou etapas para resolver cada novo desafio.

PENSAR E COMUNICAR-SE COM CLAREZA

Pensamento e comunicação são inseparáveis. Quando as ideias estão claras em nossa mente, podemos nos comunicar com clareza, ou seja, as pessoas nos entendem melhor.

Por isso, é importante empregar os termos corretos e mais adequados sobre um assunto, evitando generalizações, omissões ou distorções de informação. Também devemos reforçar o que afirmamos com explicações, comparações, analogias e dados.

A preocupação com a comunicação clara, que começa na organização do nosso pensamento, aumenta a nossa habilidade de fazer críticas tanto sobre o que lemos, vemos ou ouvimos quanto em relação às falhas na nossa própria compreensão, e poder, assim, corrigi-las. Esse conhecimento é a base para uma ação segura e consciente.

IMAGINAR, CRIAR E INOVAR

Tente de outra maneira! Construa ideias com fluência e originalidade!

Todos nós temos a capacidade de criar novas e engenhosas soluções, técnicas e produtos. Basta desenvolver nossa capacidade criativa.

Pessoas criativas procuram soluções de maneiras distintas. Examinam possibilidades alternativas por todos os diferentes ângulos. Usam analogias e metáforas, se colocam em papéis diferentes.

Atitudes para a vida

Ser criativo é não ser avesso a assumir riscos. É estar atento a desvios de rota, aberto a ouvir críticas. Mais do que isso, é buscar ativamente a opinião e o ponto de vista do outro. Pessoas criativas não aceitam o *status quo*, estão sempre buscando mais fluência, simplicidade, habilidade, perfeição, harmonia e equilíbrio.

ASSUMIR RISCOS COM RESPONSABILIDADE

Todos nós conhecemos pessoas que têm medo de tentar algo diferente. Às vezes, nós mesmos acabamos escolhendo a opção mais fácil por medo de errar ou de parecer tolos, não é mesmo? Sabe o que nos falta nesses momentos? Informação!

Tentar um caminho diferente pode ser muito enriquecedor. Para isso, é importante pesquisar sobre os resultados possíveis ou os mais prováveis de uma decisão e avaliar as suas consequências, ou seja, os seus impactos na nossa vida e na de outras pessoas.

Informar-nos sobre as possibilidades e as consequências de uma escolha reduz a chance do "inesperado" e nos deixa mais seguros e confiantes para fazer algo novo e, assim, explorar as nossas capacidades.

PENSAR DE MANEIRA INTERDEPENDENTE

Nós somos seres sociais. Formamos grupos e comunidades, gostamos de ouvir e ser ouvidos, buscamos reciprocidade em nossas relações. Pessoas mais abertas a se relacionar com os outros sabem que juntos somos mais fortes e capazes.

Estabelecer conexões com os colegas para debater ideias e resolver problemas em conjunto é muito importante, pois desenvolvemos a capacidade de escutar, empatizar, analisar ideias e chegar a um consenso. Ter compaixão, altruísmo e demonstrar apoio aos esforços do grupo são características de pessoas mais cooperativas e eficazes.

Estes são 11 dos 16 Hábitos da mente descritos pelos autores Arthur L. Costa e Bena Kallick em seu livro *Learning and leading with habits of mind*: 16 characteristics for success.

Acesse http://www.moderna.com.br/araribaplus para conhecer mais sobre as *Atitudes para a vida*.

CHECKLIST PARA MONITORAR O SEU DESEMPENHO

Reproduza para cada mês de estudo o quadro abaixo. Preencha-o ao final de cada mês para avaliar o seu desempenho na aplicação das *Atitudes para a vida*, para cumprir as suas tarefas nesta disciplina. Em *Observações pessoais*, faça anotações e sugestões de atitudes a serem tomadas para melhorar o seu desempenho no mês seguinte.

Classifique o seu desempenho de 1 a 10, sendo 1 o nível mais fraco de desempenho, e 10, o domínio das *Atitudes para a vida*.

Atitudes para a vida	Neste mês eu...	Desempenho	Observações pessoais
Persistir	Não desisti. Busquei alternativas para resolver as questões quando as tentativas anteriores não deram certo.		
Controlar a impulsividade	Pensei antes de dar uma resposta qualquer. Refleti sobre os caminhos a escolher para cumprir minhas tarefas.		
Escutar os outros com atenção e empatia	Levei em conta as opiniões e os sentimentos dos demais para resolver as tarefas.		
Pensar com flexibilidade	Considerei diferentes possibilidades para chegar às respostas.		
Esforçar-se por exatidão e precisão	Conferi os dados, revisei as informações e cuidei da apresentação estética dos meus trabalhos.		
Questionar e levantar problemas	Fiquei atento ao meu redor, de olhos e ouvidos abertos. Questionei o que não entendi e busquei problemas para resolver.		
Aplicar conhecimentos prévios a novas situações	Usei o que já sabia para me ajudar a resolver problemas novos. Associei as novas informações a conhecimentos que eu havia adquirido de situações anteriores.		
Pensar e comunicar-se com clareza	Organizei meus pensamentos e me comuniquei com clareza, usando os termos e os dados adequados. Procurei dar exemplos para facilitar as minhas explicações.		
Imaginar, criar e inovar	Pensei fora da caixa, assumi riscos, ouvi críticas e aprendi com elas. Tentei de outra maneira.		
Assumir riscos com responsabilidade	Quando tive de fazer algo novo, busquei informação sobre possíveis consequências para tomar decisões com mais segurança.		
Pensar de maneira interdependente	Trabalhei junto. Aprendi com ideias diferentes e participei de discussões.		

Reprodução proibida. Art. 184 do Código Penal e Lei 9.610 de 19 de fevereiro de 1998.

 VIII Atitudes para a vida